Religião e Estado no Brasil

Religião e Estado no Brasil

ANÁLISE HISTÓRICO-CONSTITUCIONAL

2023

Rafael Issa Obeid

ALMEDINA

RELIGIÃO E ESTADO NO BRASIL
ANÁLISE HISTÓRICO-CONSTITUCIONAL

AUTOR: Rafael Issa Obeid

DIRETOR ALMEDINA BRASIL: Rodrigo Mentz
EDITORA JURÍDICA: Manuella Santos de Castro
EDITOR DE DESENVOLVIMENTO: Aurélio Cesar Nogueira
ASSISTENTES EDITORIAIS: Larissa Nogueira e Rafael Fulanetti
ESTAGIÁRIA DE PRODUÇÃO: Laura Roberti

DIAGRAMAÇÃO: Almedina
DESIGN DE CAPA: Roberta Bassanetto

ISBN: 9786556277325
Janeiro, 2023

Dados Internacionais de Catalogação na Publicação (CIP)
(Câmara Brasileira do Livro, SP, Brasil)

Obeid, Rafael Issa
Religião e Estado no Brasil : análise
histórico-constitucional / Rafael Issa Obeid. –
1. ed. -- São Paulo, SP : Almedina, 2023.

Bibliografia.
ISBN 978-65-5627-732-5

1. Liberdade religiosa 2. Religião e Direito
3. Religião e Estado - Brasil I. Título.

22-132101 CDU-342.731

Índices para catálogo sistemático:

1. Estado e religião : Direito 342.731

Eliete Marques da Silva - Bibliotecária - CRB-8/9380

Este livro segue as regras do novo Acordo Ortográfico da Língua Portuguesa (1990).

EDITORA: Almedina Brasil
Rua José Maria Lisboa, 860, Conj.131 e 132, Jardim Paulista | 01423-001 São Paulo | Brasil
www.almedina.com.br

"A história do que aconteceu na secularização do cristianismo ocidental é tão ampla e tão multifacetada que se poderia escrever diversos livros do tamanho deste e ainda não fazer justiça a ela"

(Taylor, Uma era secular)

NOTA DO AUTOR

Em meio às mudanças surgidas com as revoluções do final do século XVIII, a Constituição do Império do Brasil, outorgada em 1824, deu continuidade ao regime do padroado existente desde a colônia, segundo o qual competiria ao Estado manter a Igreja Católica Apostólica Romana, declarada pelo constituinte como religião oficial do Estado.

Pelo sistema adotado, ao Estado caberia nomear os Bispos e prover os benefícios eclesiásticos. Desta maneira os homens da Igreja eram também homens do Estado, submetidos a duas hierarquias distintas, configuração que deu origem a conflitos entre o poder secular e o poder eclesiástico, cujas nuances e soluções podem ser buscadas na cultura jurídica brasileira do século XIX, manifestada na ação parlamentar ao criar uma legislação secularizada, nos pareceres do Conselho de Estado como órgão auxiliar do Poder Moderador e na literatura jurídica brasileira difundida a partir da segunda metade do século XIX.

A investigação pretende demonstrar que muito antes da questão religiosa de 1873 e dos debates que resultaram no modelo de separação adotado pela República, não obstante a conveniência da manutenção da Igreja católica, havia uma preocupação dos artífices da nação em secularizar as instituições do país, como uma forma de demonstrar a força e a organização.

Setembro de 2022.

PREFÁCIO

Estado laico, liberalismo e constitucionalismo ao longo da história recente

A primeira experiência constitucional brasileira surge em 1824 sob a égide do liberalismo constitucional então em vias de se converter na poderosa tradição que hoje conhecemos. Um dos temas mais importantes dessa tradição foi desde sempre a liberdade de consciência, principalmente concebida como liberdade de professar qualquer religião ou de não professar religião alguma. Historicamente, o processo ganha os contornos familiares que hoje conhecemos primeiramente nas muitas tentativas de permitir dissidências de doutrina — e em seguida de culto e de organização — na cristandade latina durante a era da Reforma. Os séculos XVI e XVII serão marcados na Europa por uma sangrenta guerra, guerra civil em muitos reinos e estados. Em seguida, no século XVIII o anseio de liberdade torna-se mais radical, propondo-se que para pertencer a certa comunidade política não é absolutamente necessário pertencer a nenhuma comunidade religiosa. Esse ambiente, de iluminismo tardio, é o berço da ideia de um Estado laico e não confessional. O Brasil independente e monárquico, colônia de um reino europeu, herda esse mesmo ambiente entre suas elites mais ilustradas, ambiente social de gestação do estado nacional.

O livro de Rafael Obeid trata desse debate com sua cor local, inserindo-o, no entanto, em seu ambiente maior, cosmopolita ou comparado. A primeira parte estuda precisamente esse ambiente e as formas de liberdade de consciência e religião experimentadas em diversos lugares, enquanto a segunda mostra como, mesmo antes da célebre questão religiosa, que opôs dois jovens bispos ultramontanos e um experiente, hábil e poderoso ministro de Estado em 1873, o debate se desenhara. E que mesmo antes da separação da Igreja e do Estado em 1889, pela República, a paisagem intelectual brasileira era variada e controversa.

O tema, apesar de seu tratamento parecer histórico, é ainda, e talvez seja sempre, atual, pois diz respeito a uma forma de organizar a vida social e política, na qual se confrontam duas perspectivas opostas: de um lado quem imagina ser a religião uma relação privada e subjetiva de cada ser humano com um deus, de outro quem imagina que não é possível manter uma relação de confiança no âmbito social comum, a comunidade política, com quem não professa as mesmas crenças, muito especialmente as mesmas crenças religiosas. Os que não crêem em Deus, ou não crêem em deus da maneira como um certo social crê, não seriam dignos de confiança, e, à medida que essa desconfiança aumenta e se consolida, não seriam dignos nem mesmo de estar no meio dos outros. Seu destino seria a perda de direitos — na Inglaterra vitoriana e eduardiana as universidades não concediam títulos a quem não fizesse parte da comunhão anglicana —, perda de cidadania — a expulsão, o exílio — ou mesmo perda de sua vida — a condenação por heresia ou traição.

Colocadas as coisas nesses termos, parece que a questão foi resolvida, mas não é bem assim. Basta ver que alguns anos atrás ainda se debatia na Corte Europeia de Direitos Humanos se as escolas públicas (estatais) italianas poderiam continuar a ostentar nas salas de aula um crucifixo, símbolo mais evidente dos cristãos. Depois de muita controvérsia, a corte decidiu em 2011 que o crucifixo por si só não violava a laicidade do Estado, e a liberdade religiosa dos cidadãos: transformara-se num símbolo antes cultural do que religioso e ninguém era constrangido a seguir a fé católica, nem alunos, nem professores, e nessas circunstâncias não havia violação a liberdade fundamental (*caso Lautsi et al. v. Itália*[1], No século XX uma das mais interessantes reformulações da filosofia política, a merecidamente célebre *Uma teoria da justiça* de John Rawls, fundava-se na ideia de que a comunidade política pode e deve restringir-se a uma ideia de bem comum que não inclua as "concepções abrangentes de bem". Essas concepções seriam religiosas, portadoras de uma ideia de vida boa totalizante. A proposta de Rawls separava, pela boa tradição liberal, a esfera pública e compartilhada da vida da esfera íntima.

[1] https://hudoc.echr.coe.int/fre#{%22itemid%22:[%22001-104040%22]}.

Se as soluções institucionais foram e são ainda muito variadas, as circunstâncias atuais, que tornam esse livro ainda mais interessante, estão a mostrar que a convivência de estados laicos com sociedades conservadoras, religiosas e tradicionais, é ainda um problema relevante. Um dos sinais da união entre Estado e Igreja no Brasil oitocentista era a ausência de reprovação de que padres fossem deputados ou ministros de Estado — Diogo Feijó era padre! Foi muito mais a Igreja que limitou essas participações especialmente depois da "romanização" que sofreu na segunda metade do século XIX. Minha geração lembra-se bem da reprimenda pública que João Paulo II fez a Ernesto Cardenal, padre que havia aceitado participar diretamente do governo sandinista na Nicarágua nos anos 1980. Esse comportamento costumeiro vem sendo alterado recentemente, quando tantos religiosos de confissão não católica apresentam-se como candidatos a ocupantes não apenas de cargos administrativos (tivemos um ministro de estado), legislativos (temos vários deputados) e, novidade absoluta em nossa história republicana, membros do poder judiciário (há um ministro do Supremo Tribunal Federal).

Levando-nos a revisitar essa história, Rafael Obeid mostra com riqueza de detalhes, pela consulta a fontes jurídicas, como se construiu, com dificuldade, um Estado laico, uma vez que a elite do Império — no Senado e no Conselho de Estado — era majoritariamente liberal e maçônica. Interpretava os textos constitucionais de modo a garantir mais liberdade religiosa e de consciência do que se poderia suspeitar. Reconhecendo que o Brasil mantinha sua unidade também pela cultura religiosa, procurava o equilíbrio entre o reconhecimento do culto católico e uma aplicação generosa e liberal da constituição.

Como orientador de Rafael Obeid vi no tema, além de reconhecer imediatamente as capacidades do autor, uma contribuição importante para a história e para o direito. No campo do direito não temos tido a tradição de fazer a história constitucional como parte integrante do estudo do próprio direito, ao contrário do que se vê em outras partes. Basta ver o que fazem autores como Charles Fried (*Saying what the law* is), Michael McConnel (*The origins and historical understanding of the free exercise of* religion), Marchel Gauchet (*La religion dans la démocratie — parcours de la* laïcité) e Charles Taylor (*The sources of the self, A secular* age). O desenvolvimento de certos princípios e conceitos torna mais claro nosso entendimento do próprio instituto hoje em vigência. Quem lê o constitucionalismo brasileiro do século XIX surpreende-se com o que se debatia e, frequentemente, com a franqueza e clareza com que os temas eram levantados. Se para um olhar contemporâneo — e por isso mesmo historicamente anacrônico — o constitucionalismo da monarquia foi um projeto tosco e fracassado, pelo fato de não ter conseguido transformar-se nem em liberalismo igualitário, nem em liberalismo democrático, para o historiador a existência mesma de certos debates é um índice da identidade cultural, política e social que se tornou — hélas! — nossa pesada tradição. A pesquisa de Rafael Obeid, em boa hora dada ao público geral e particularmente aos juristas, contribui grandemente o campo e para uma história do direito constitucional brasileiro.

José Reinaldo de Lima Lopes
Faculdade de Direito da USP

SUMÁRIO

INTRODUÇÃO

O tema e a opção metodológica para a sua abordagem

O início da pesquisa e o desenvolvimento deste trabalho resultaram de um incômodo.

Sempre me chamou a atenção, com relação à classificação do Estado como confessional e sua relação com a liberdade religiosa no século XIX, o modo como as obras que se preocuparam com a história das Constituições, ou do assunto específico da liberdade religiosa, deram ênfase ao texto constitucional, conduzindo a uma leitura a partir do modelo de Estado laico adotado desde a República, que simplificava, ou até mesmo omitia, os debates jurídicos e o contexto social do Império, como se os reflexos daí advindos só fossem sentidos a partir da República.

Os quase setenta anos que separaram a Constituição do Império (1824) e a primeira Constituição da República (1891), assim como as inúmeras modificações sociais e culturais do Brasil e do mundo no período, aconselhavam-me a desconfiar das assertivas fechadas de que "não houve no Império liberdade religiosa"[2] e que sugeriam ter sido a secularização do ordenamento inaugurada apenas pelo Decreto-Lei 119-A de 1890, que extinguiu o padroado e proibiu o estabelecimento de qualquer religião pelo Estado federal e pelos estados federados recém criados, declarando, ainda, a plena liberdade de cultos.

[2] José Afonso da Silva. *Curso de direito constitucional positivo.* 19ª ed. São Paulo: Malheiros, 2001, p. 254.

Percebi, então, que essas assertivas fiavam-se em uma história da dogmática, preponderantemente lastreada apenas no texto da Constituição de 1824, sem dar a importância devida aos debates dos juristas da época e aos problemas surgidos do conflito aparente entre as normas herdadas da colônia e aquelas editadas para organizar o Império, minimizando a importância do contexto histórico que envolvia a gênese do ordenamento e os respectivos debates. Como advertiu José Reinaldo de Lima Lopes, esta história "corre o risco de retroprojetar seu olhar idealizando o passado, criando modelos que se reproduzem ao longo da história" e de "se tornar história legitimadora, justificando o direito atual como ápice de um desenvolvimento".[3]

Inspirado em Collingwood e no seu entendimento de que a história se debruça sobre as experiências humanas, tentei iniciar uma investigação tecida a partir do pensamento dos juristas nacionais do período estudado. Pretendi (e não sei se a contento me desincumbi de) fazer uma história do processo de secularização do Império a partir de um esforço de reconstrução de como os juristas brasileiros oitocentistas pensaram o aspecto confessional do Estado em um determinado período, como uma tentativa de repensar o pensamento de outrem em busca de um determinado sentido que pudesse ser objetivamente aferido[4].

Para evitar o lugar comum de identificar no modelo de religião oficial adotado pela Constituição do Império um atraso em relação aos padrões da época, sublinhado, no caso brasileiro, pela valorização da continuidade da herança patrimonialista ibérica em detrimento da complexidade das instituições nacionais do XIX, ponderei, na linha defendida por Andréa Slemian, que "a continuidade [do modelo colonial] — que sempre existe quando tratamos de problemas de natureza histórica — deve ser com-

[3] José Reinaldo de Lima Lopes. *As palavras e a lei: direito, ordem e justiça na história do pensamento jurídico moderno.* São Paulo: Ed. 34, 2004, p. 20.

[4] Para Collingwood, R.G. "o passado não é um fato dado que podemos apreender empiricamente mediante a percepção" (...) "o historiador não é uma testemunha ocular dos fatos que deseja conhecer" (...) "sabe muito bem que seu único conhecimento possível do passado é mediato, ou inferencial, ou indireto. O historiador não conhece o passado pela simples crença o que diz um testemunho que viu os fatos em questão e que desejou um registro de sua prova. O que daria essa espécie de mediação seria, quando muito crença, não conhecimento, e uma crença muito mal fundada e improvável" *Idea de la historia.* tradução Edmundo O'Gorman y Jorge Hernandez Campos.Cidade do México: FCE, 2004, pp. 367-368.

preendida num novo patamar, ditado pela crise de paradigmas políticos que revolucionou o mundo ocidental desde o século XVIII"[5].

Fiz isso visando a não incorrer no equívoco de identificar nos intérpretes do presente o padrão pelo qual deveriam ser avaliadas as ideias e crenças dos agentes do passado. Neste ponto, levei em consideração a crítica que Skinner fez à "mitologia do paroquialismo" caracterizada pela construção de uma identidade entre o universo mental do autor do passado e o seu próprio universo atual de crenças, implicando em uma falsa familiaridade entre culturas distintas.[6]

Levados em consideração esses pressupostos, em vez de optar por uma história dogmática, enveredei por uma história do pensamento jurídico ou, se se preferir, de uma história das ideias, valendo-me dos recursos do universo da ciência do direito — visto como conjunto de regras, veiculadas por um discurso, constitutivas da realidade[7] — para pensar os conceitos relacionados ao tema do Estado confessional do século XIX.

Cabe ainda lembrar que, sob a égide do Direito Público do século XIX, a Carta[8] de 1824, outorgada "em nome da Santíssima Trindade", em seu título primeiro, além de declarar que a religião Católica Apostólica Romana continuaria a ser a Religião do Império, delimitou a liberdade religiosa, uma vez que, em seu artigo 5º, aduzia que todas as outras religiões seriam permitidas com o seu culto doméstico ou particular, em casas para isso destinadas, sem forma alguma exterior de templo.

[5] Andréa Slemian. *Sob o império das leis. Constituição e unidade nacional na formação do Brasil.* São Paulo: Hucitec, 2009, p. 304.

[6] Quentin Skinner. "Meaning and Understanding in the History of Ideas". *History and Theory*, vol. 8, nº 3, pp. 25-27.

[7] José Reinaldo de Lima Lopes. *As palavras e as leis: direito, ordem e justiça na história do pensamento jurídico moderno.* São Paulo: Editora 34, 2004, p. 29.

[8] A respeito da utilização do termo Carta ou Constituição, como acima referido, esclarecedora é a lição de Cecília Helena Salles de Oliveira no sentido de que "o instrumento jurídico de 1824, por ter sido outorgado pelo Imperador, chama-se "Carta Constitucional" e assim foi tratado no primeiro reinado, particularmente pelas oposições parlamentares a D. Pedro. A partir, entretanto, das reformas de 1834 e 1840, discutidas e promulgadas pela Câmara e pelo Senado, tornou-se corrente o uso da expressão Constituição do Império". Neste trabalho, far-se-á referência ao documento político como Constituição do Império. "O Conselho de Estado e o complexo funcionamento do governo monárquico no Brasil do século XIX". *Almanack Braziliense* n. 5, maio de 2007, pp. 46-53, disponível em www.almanack.usp.br, acesso em 25 de junho de 2009.

A regulamentação dada pela Constituição do Império sempre foi vista sob a sombra do sistema de separação entre Estado e religião adotado desde a República com expressa influência do modelo norte-americano. As doutrinas atuais de Direito Constitucional que se ocupam com o aspecto confessional do Estado e do histórico da liberdade religiosa, traçam uma linha de evolução a partir da discussão da tolerância das minorias religiosas para ver somente com o advento do modelo de separação entre Estado e Igreja a consagração da liberdade religiosa, como se não houvesse um pensamento nacional dirigido à fundação de instituições seculares no Brasil do século XIX.

Ao aceitarmos essa premissa, somos levados ao erro de acreditar que, no Brasil, o modelo de estado laico surgiu pronto e acabado somente quando, com a Constituição da República de 1891, instaurou-se um sistema de separação entre o Estado e a Igreja. Essa interpretação despreza os discursos dos juristas que, sob a égide da Constituição do Império, debateram — em suas obras, falas políticas ou consultas emitidas em casos a eles submetidos — as relações entre o poder eclesiástico e o poder temporal.

Identificado o problema, pretendi ao longo deste trabalho responder a uma questão principal, que certamente fustigou toda a investigação: dos embates e discussões que envolveram a Igreja Católica no período analisado pode ser inferido o desejo da elite política na adoção de um modelo de Estado laico ou apenas uma forma de regulação mais adequada às mudanças em uma sociedade de católicos?

Para esboçar uma resposta a essa pergunta necessariamente tentei responder a outras, o que acarretou, grosso modo, na divisão dos capítulos e suas subdivisões: O que se entende por secularização? Como eram as relações entre a Igreja e os demais Estados constitucionais modernos? Como essas relações entre o poder eclesiástico e o poder temporal foram constituídas na fundação do Império do Brasil? Havia um debate jurídico acerca do estado confessional? Qual a extensão desse debate? Qual o papel da Igreja Católica ao longo do segundo reinado no desempenho de funções tipicamente estatais? Quais mudanças ocorreram nesse papel no período estudado? Em que medida essas mudanças contribuíram para o debate sobre a liberdade religiosa? Havia liberdade religiosa no modelo de Estado confessional adotado pela Constituição do Império?

Necessário lembrar, assim como fez Pocock, que o nosso campo de estudo é constituído por atos de discurso e pelas condições e contextos em que esses discursos foram emitidos. "A linguagem determina o que nela pode ser dito, mas pode ser modificado pelo que nela é dito"[9] e podemos, através dos debates dos juristas do Império, verificar o quanto deles permaneceu, por uma apropriação das ideias por parte da geração sucessora, nos discursos sobre o Estado laico instaurado sob a República. José Reinaldo de Lima Lopes lembra que "um 'paradigma' não substitui totalmente o outro, pois ocorre uma contaminação e uma transição de uma linguagem para outra".[10]

Vale ressaltar que o modelo da Constituição do Império e sua feição nitidamente liberal estavam afinados com o pensamento político da época, não se distanciando do constitucionalismo europeu e da prática no continente americano. Apesar da fama de fanatismo oficial de Portugal, "ideias, livros e atitudes continuaram a se difundir e começaram a seguir para as colônias na bagagem dos estudantes que voltavam ao lar"[11] e que mais tarde se envolveriam no movimento de independência do Brasil e na Constituinte de 1823 que, mesmo após ter sido fechada, teve muito do texto até então debatido aproveitado pela Carta de 1824.

No início do século XIX, Estados americanos recém-independentes, instituídos sob a forma republicana de governo, adotaram em suas constituições a religião católica como religião de Estado. Foi o caso da Venezuela em 1811, do México em 1814 e 1824, do Peru em 1823 e da Bolívia em 1826. "Essa característica religiosa foi comum ao primeiro constitucionalismo hispano-americano, no qual estava presente a ideia de que 'a constituição ordena politicamente uma sociedade de católicos'"[12].

Os Estados Unidos — embora tivessem adotado com a Primeira Emenda à Constituição um sistema de separação e fossem fonte de ins-

[9] J. G. A. Pocock. *Linguagens do Ideário Político*. Trad. Fábio Fernandez. São Paulo: Edusp, 2003, p. 64.

[10] *As palavras e as leis: direito, ordem e justiça na história do pensamento jurídico moderno. op. cit.*, p. 21.

[11] Stuart B. Schwartz. *Cada um na sua lei*. São Paulo: Cia das Letras, 2010, p. 334.

[12] Lucia Maria Bastos Pereira das Neves. "Constituição: usos antigos e novos de um conceito no Império do Brasil." In José Murilo de Carvalho e Lúcia Maria Bastos Pereira das Neves. *Repensando o Brasil do Oitocentos*. Rio de Janeiro: Civilização Brasileira, 2009, p. 196.

piração e preocupação aos construtores do Império[13] — conviviam com ligações institucionais de religiões cristãs em diversas colônias.[14] Do mesmo modo, países estreitamente ligados ao Império, seja no plano econômico, como a Inglaterra, seja no cultural, como a França, não mantinham um regime de completa separação com o fenômeno religioso, embora desfrutassem de instituições liberais, o que implica na suspeita de que a história da liberdade religiosa deve ser buscada mais nas ideias compartilhadas no Ocidente do que em modelos adotados por governos.

Sob essa premissa, de que a adoção de uma religião oficial, apesar das tensões institucionais geradas, não importou para a sociedade da época um atraso no sistema de liberdades visto em seu contexto, entendo possível demonstrar, com ênfase nas discussões jurídicas da segunda metade do século XIX envolvendo a Igreja, como o processo de secularização foi constituído pelos juristas do Império nas manifestações sobre assuntos que exigiam reflexões sobre os embates entre o poder civil e o poder eclesiástico. Penso que essas discussões revelam, em suma, o que foi relevante para as mudanças, ao mesmo tempo em que enfatizam o que havia de ordinário nessa matéria, vista no âmbito das relações entre a igreja e o Estado.

Para uma pesquisa dentro dessa linha argumentativa, creio ser acertado seguir o método proposto por Quentin Skinner que, ao lado de Pocock, é um expoente da "Escola de Cambridge", onde teve origem uma sistematização das relações entre a filosofia da história de Collingwood com as ferramentas analíticas da filosofia da linguagem tão valorizada hoje pela teoria geral do direito[15].

Em seu *As fundações do pensamento político moderno*, obra em que são utilizados textos de teoria política de fins da Idade Média e começos da modernidade em busca de elementos de um conceito de Estado passível

[13] Neste sentido Waldemar Martins Ferreira. *História do Direito Constitucional Brasileiro*. São Paulo: Max Limonad, 1954, p. 37.

[14] Joseph Story. *Commentaries on the Constitution of the United States*.5ª ed. Boston: Little Brown and Company, 1891. pp. 628-629.

[15] Por uma necessidade de elaborar a sua noção de significado, Skinner socorre-se dos filósofos da linguagem, entre eles Austin e Searle, que, por sua vez recorreram à noção wittgensteiniana (o segundo Wittgenstein) de significado com a finalidade de preparar a teoria dos atos de fala (*speech acts teory*) James Tully. "The pen is a mighty sword: Quentin Skinner's analysis of politics." In TULLY, James (org). *Meaning and context: Quentin Skinner and his Critics*. Cambridge: Polity Press, 1988, p. 8.

de dizer-se moderno, o autor sintetiza ideias esposadas por ele ao longo de uma década com relação ao modo de proceder ao estudo e interpretação dos textos históricos.

Segundo o método desse historiador das ideias, o melhor é não se concentrar tão exclusivamente nos maiores teóricos, preferindo "enfocar a matriz mais ampla, social e intelectual, de que nasceram suas obras", além de "levar em conta o contexto intelectual em que foram discutidos tais textos", recuperando o vocabulário normativo de que os agentes dispunham para descrever e legitimar suas ações[16].

Neste ponto, vale uma menção à História dos Conceitos. Assim como Pocock e Skinner, Reinhart Koselleck, reconhecendo a mutabilidade das palavras, tomou a relação existente entre a História e a linguagem como pressuposto para a elaboração de uma História Conceitual. Atentando para a historicidade dos conceitos e do pensamento sócio político, vinculando-os à realidade social e à compreensão hermenêutica, Koselleck demonstrou a importância em se valorizar significados aparentemente diversos dentro de uma mesma época ou verificar a estratificação dos significados de um mesmo conceito em épocas diferentes[17].

Deve-se notar que, embora a "Escola de Cambridge" parta da filosofia da linguagem e a História Conceitual da hermenêutica filosófica, ambas as correntes apresentadas têm influências comuns. Há, portanto, pontos de convergência entre as análises de Skinner dos atos de fala a partir de contextos e significados compartilhados e da de Pocock que

[16] Skiner fala em termos de pensamento político. Entendo cabível a utilização desse enfoque, lembrando que, na época estudada pelo autor, a maioria dos teóricos políticos era jurista, como aqueles que produzem os textos analisados. Em seu método, Skinner parte da força ilocucionária dos atos de fala proposta por Austin, consistente naquilo que o agente estava fazendo ao dizer algo, para compreender o significado de um texto histórico, o que importa na investigação do que o autor estava fazendo ao escrevê-lo. Para isso seu método remete a um estudo de modo como a intenção do autor se inscreve no contexto de convenções linguísticas em que o texto foi produzido. Para o cientista político, sua abordagem teria a vantagem de se permitir escrever uma história das ideias menos concentrada nos clássicos e mais nas ideologias, mas aqui vale a advertência de Tully de que a concepção de ideologia de Skinner tem como critério principal de definição o papel desempenhado pelas ideias na legitimação de instituição e práticas políticas. *As fundações do pensamento político moderno.* São Paulo: Companhia das Letras, 2009. pp.12-13.

[17] Cf. Reinhart Koselleck. *Futuro passado: contribuição à semântica dos tempos históricos.* Tradução do original alemão Wilma Patrícia Mass, Carlos Almeida Pereira; revisão da tradução César Benjamin, Rio de Janeiro: Contraponto: Ed. PUC-Rio, 2006, p. 115.

enfatiza a existência de linguagens políticas em meio a performances discursivas, com a História feita por Koselleck.

Podem, assim, as escolas anglo-saxã e alemã serem utilizadas como complementares, principalmente no que diz respeito à contextualização dos sujeitos e dos significados dos conceitos em diferentes espaços sociais[18].

Esboçado o arcabouço metodológico do qual tentei não me distanciar ao longo da pesquisa a seguir apresentada, passo à apresentação das fontes.

As fontes

Seguindo a trilha aberta por José Reinaldo de Lima Lopes, a investigação acerca dos debates sobre o Estado confessional brasileiro no século XIX recaiu, principalmente, sobre as consultas do Conselho de Estado. Foi esta a instituição do Império que, como órgão auxiliar do Poder Moderador, assumiu um papel de intérprete e produtor da doutrina jurídica nacional, suprindo o espaço deixado por um sistema judiciário em que o órgão de cúpula — no caso brasileiro, o Supremo Tribunal de Justiça — não se desincumbia da tarefa de orientar o julgamento de casos das instâncias inferiores pela edição de precedentes[19].

O Conselho de Estado também era ouvido em controvérsias tipicamente jurisdicionais, pronunciando-se em conflitos de jurisdição entre as autoridades administrativas e entre essas e as judiciais, opinando, ainda, sobre abusos das autoridades eclesiásticas. Também era chamado a dar instruções para a boa execução das leis e emitia pareceres sobre projetos de lei de iniciativa do executivo.

A maior parte das Consultas analisadas por este trabalho teve origem na Seção de Justiça, à qual os assuntos atinentes aos negócios eclesiásticos estavam afetos até 1860 quando, por força do Decreto 1.067, passaram da atribuição do Ministério da Justiça para a do Ministério do Império, sendo, daí por diante, solucionadas pela Seção respectiva.

[18] Cf. Júlio Bentivoglio. A história conceitual de Reinhart Koselleck. *Dimensões*, vol. 24, 2010, p. 117, disponível em www.periodicos.ufes.br/dimensoes, acesso em 22 de maio de 2011.

[19] Neste sentido, José Reinaldo de Lima Lopes. *O oráculo de Delfos. Conselho de Estado no Brasil-Império*. São Paulo: Saraiva, 2010, pp. 91-185.

Cumpre observar que, embora a Seção de Império fosse a competente para a análise das questões eclesiásticas, a Seção de Justiça, a partir dessa data, não deixou de analisar questões direta ou indiretamente relacionadas ao assunto da intervenção do Estado em negócios religiosos. Em alguns casos, o expediente tramitava nas duas Seções por dizer respeito a assuntos afetos a ambos os Ministérios. Foi o que ocorreu, por exemplo, em 1881, quando se discutiu a possibilidade de clérigo ser suplente de juiz municipal.

As Consultas da Seção de Justiça foram reunidas nos dois volumes organizados por José Prospero Jehovah da Silva Caroatá[20]. De um total de 860 consultas resolvidas pelo Conselho, foram identificadas vinte e nove que veiculavam assuntos ligados à religião[21], das quais oito foram realizadas após 1860, quando a Seção de Império já era competente para solucionar conflitos entre os poderes civil e eclesiástico.

No intuito de coletar maiores subsídios à pesquisa, também as *Consultas do Conselho de Estado sobre negócios ecclesiásticos*[22], compiladas por ordem do Ministro do Império e publicadas em 1869, foram analisadas. A maior parte das consultas compiladas nesta obra consta da edição organizada por Caroatá, mas sua utilidade esteve na legislação por ela repertoriada.

Também me vali das Consultas encaminhadas ao Pleno do Conselho de Estado entre os anos de 1842 e 1889. Nesse período, a coletânea de consultas organizada por José Honório Rodrigues[23], compila onze sessões realizadas acerca do tema aqui tratado, tendo feito, os Conselheiros, incursões no Direito Público Eclesiástico e no Direito Constitucional para orientar sobre provimento de paróquias, percepção de

[20] *Imperiaes resoluções tomadas sobre consultas da seção de justiça do Conselho de Estado; desde o anno de 1842 em que começou a funcionar o mesmo conselho, até hoje*. Rio de Janeiro: B.L. Garnier, 1884.

[21] No levantamento feito por José Reinaldo de Lima Lopes foram catalogadas 27 consultas sobre assuntos eclesiásticos. Op. cit. p. 170. A diferença pode ser atribuída ao enfoque. Dentre as 29 consultas analisadas para angariar corpo à pesquisa, duas dizem respeito a direito penal. Uma trata da consumação do crime de bigamia (consulta de 24 de março de 1860, Caroatá, pp. 850-853) e a outra sobre em qual crime poderia ser incurso o agente que, após subtrair uma imagem de uma igreja, danificou-a (consulta de 30 de setembro de 1875, Caroatá, pp. 1753-1756).

[22] *Consultas do Conselho de Estado sobre negócios ecclesiásticos; compiladas por ordem de S. Ex. o Sr. Ministro do Império*. Rio de Janeiro: Typografia Nacional, 1869.

[23] Atas do Conselho de Estado. Brasília: Senado Federal: 1978.

emolumentos pelos párocos, regulamento das missões de catequese de índios, casamento entre católicos e protestantes, a "questão religiosa", entre outros assuntos.

O período em que esses debates sobre os aspectos religiosos das instituições nacionais ocorreram está compreendido entre os anos de 1842 e 1889. Este recorte cronológico foi escolhido não somente porque coincide com o funcionamento do Conselho, mas porque representa uma prática homogênea no interior dele e uma ruptura para além[24], uma vez que a partir de 1889 passa a ser vedado qualquer fomento ou intervenção estatal em assuntos de religião.

No interregno investigado, principalmente nas décadas de 1850 e 1860, também foram escritas e publicadas obras de direito eclesiástico, cuja consulta foi útil para o aproveitamento das fontes[25].

Disciplina considerada ramo do Direito Público, cujo objeto era a regulação das relações entre o Estado e a Igreja, com destaque aos deveres dessa em relação àquele, o direito público eclesiástico foi ensinado no segundo ano dos cursos jurídicos do Império e fez parte da formação dos juristas que integraram o Conselho de Estado e o Legislativo, tendo sido pensado e relevado por aqueles que se envolveram nas discussões objeto deste estudo.

A consulta às obras do direito eclesiástico permitiu a identificação de uma linguagem partilhada entre os homens do XIX na elaboração de institutos e projetos levaram à laicização do Estado.

Com o mesmo objetivo, também foram consultados livros publicados no período compreendido por esta pesquisa, notadamente as obras precursoras do direito público brasileiro, desde as consagradas *Direito Público Brasileiro e Análise da Constituição do Império* de Pimenta Bueno e *Ensaio de Direito Administrativo* de Paulino José Soares de Souza, ambas escritas por Conselheiros de Estado, até a menos divulgada *Análise e Comentário*

[24] Neste ponto recorri à lição de Antoine Prost. *Douze leçons sur l'histoire*. Paris: Seuil, 1996, p. 115.

[25] Entre outros livros, foram publicados *Compêndio de Direito Público Eclesiástico* (1853) de Jerônymo Vilella de Castro Tavares; *Instituições de Direito Público Eclesiástico* (1856) de Joaquim Vilella de Castro Tavares; *Elementos de Direito Público Eclesiástico Público e Particular* (1857) de Manoel do Monte Rodrigues d'Araújo; *Direito Civil Eclesiático Brasileiro* (1866) de Cândido Mendes de Almeida. Mesmo no fim do Império essas obras ainda eram lançadas, destacando-se, em 1887, a obra de Ezechias Galvão da Fontoura, *Lições de direito eclesiástico*.

à Constituição Política do Império do Brasil ou Teoria e prática do governo constitucional brasileiro de Joaquim Rodrigues de Souza, desembargador na Relação do Maranhão, uma das quatro existentes no país na época em que a obra foi publicada.

Como lembra Hespanha, a doutrina dos juristas pode ser uma pista importante para o preenchimento das lacunas das fontes, pois "se incorpora no próprio corpo institucional do poder ao ser por ele aplicada coercitivamente, enquanto a doutrina política tem uma eficácia institucional apenas eventual e muito indireta (...) Enquanto que o direito constitui o estatuto institucional do poder, a doutrina política constitui, eventualmente, a sua deontologia."[26]

[26] Hespanha, Antonio Manuel. *As vésperas do Leviathan. Instituições e poder político em Portugal — Sec. XVII.* Coimbra: Almedina, 1994, p. 42.

1. RELIGIÃO E CONSTITUCIONALISMO DO SÉCULO XIX

1.1. Em torno da secularização

No século XV, o início da consolidação dos Estados modernos e o período das navegações começam a pôr fim à ideia de que o Papa exercia o seu domínio sobre a cristandade.

No aspecto político, a unidade do mundo cristão é quebrada com a transformação e consolidação dos diferentes Estados, cujos poderes, segundo as doutrinas políticas que se difundiam naquele século, notadamente as de Maquiavel e Bodin, bastavam por si mesmos, sem a necessidade de justificativas de ordem religiosa. A partir daí, passou a ser possível falar de política sem a necessidade de se falar de Deus.

Além do político, o poder da Igreja católica também cedia no aspecto religioso, com o rompimento da ideia de unidade da fé católica proposto pela Reforma Protestante; e no aspecto cultural, o humanismo põe um foco terrenal às ações dos homens, sem importar, no entanto, em uma ruptura imediata com a visão encantada que ainda se perpetuava desde a Idade Média. Em verdade, "custou desaparecer a idéia de que uma sociedade que contem hereges, até mesmo descrentes, deve cair em desgraça. Ela até mesmo sobrevive de uma forma semirracionalizada até a era do Iluminismo"[27].

Com uma nova combinação de antigos ingredientes o Iluminismo trazia com ele a ideia de autonomia, segundo a qual se deve privilegiar

[27] Charles Taylor. *Uma era secular*. São Leopoldo: Unisinos, 2010, p. 61

aquilo que é escolhido por si mesmo em detrimento daquilo que é imposto por uma autoridade exterior. Houve uma tomada pela humanidade de seu próprio destino e uma consequência dessa escolha é a restrição ao caráter de toda autoridade, que "deve ser homogêneo com os homens, ou seja, natural e não sobrenatural. É neste sentido que as luzes produzem um mundo desencantado."[28]

Para designar o longo período de racionalização religiosa pela qual passou a sociedade judaico-cristã em virtude de uma hegemonia cultural alcançada por uma forma "eticizada" de religião, o termo desencantamento foi cunhado e se difundiu, sobretudo pela Ética protestante e o espírito do capitalismo de Max Weber. O seu tempo de duração é mais longo que o da secularização, que é por ele abarcado. Secularização, na obra de Weber, implica em redução do *status* religioso e foi difundida em seu *Sociologia do Direito* como uma questão de legitimação do poder.

Segundo Antônio Flávio Pierucci

> O importante é reter que Weber realmente distingue os diferentes processos. Enquanto o desencantamento do mundo fala da ancestral luta da religião contra a magia, sendo uma de suas manifestações mais recorrentes e eficazes a perseguição aos feiticeiros e bruxas levada a cabo por profetas hierocratas, vale dizer, a repressão político religiosa da magia, a secularização, por sua vez, nos remete à luta da modernidade cultural contra a religião, tendo como manifestação empírica no mundo moderno o declínio da religião moderna *in temporalibus,* seu *disestablishment* (vale dizer a sua separação do Estado), a depressão do seu valor cultural e sua demissão/liberação de integração social[29]

Este, portanto, é o significado mais comum de secularidade, o qual foca a remoção de Deus ou da religião ou do espiritual do espaço público. No entanto, o interessante é notar como uma mudança na noção dos fundamentos do Estado contribuiu para extremar o divino e a política, atentando para a razão do uso do termo "secular", pois, segundo,

[28] Tzevtan Todorov. *L'esprit des Lumières*. Paris: Éditions Robert Laffont. 2006, p. 11.

[29] "Secularização em Max Weber. Da contemporânea serventia de voltarmos a acessar aquele velho sentido". *Revista Brasileira de Ciências Sociais.* Vol 13, n. 37, p. 6., disponível em www.scielo.br, acesso em 21/12/2011.

Taylor "ele assinala, em sua própria etimologia, o que esta em jogo neste contexto, que tem algo a ver com o modo como a sociedade humana habita o tempo"[30].

Em outro ponto de *Uma era secular* Taylor esclarece o significado do termo:

> "Secular", como todos sabemos, deriva de *saeculum*, século ou era. Quando passa a ser empregado como termo em uma oposição, como clero secular/regular, ou estar no *saeculum*, em vez de estar na religião (isto é, alguma ordem monástica), o significado original está sendo delineado de uma maneira bem específica. Pessoas que se encontram no *saeculum*, estão radicalmente no tempo comum, estão vivendo a vida do tempo comum, em oposição àquelas que se distanciaram disso a fim de viverem próximas da eternidade. A palavra é, portanto, usada para tempo comum em oposição a tempo superior. Uma distinção paralela é temporal espiritual. Uma relaciona-se com coisas no tempo comum; a outra com questões de eternidade[31].

Partindo dessa definição, a teoria de Taylor permite a utilização de secularização como algo que vai além de algo "não vinculado à religião". Essa exclusão da dimensão religiosa é muito mais ampla porque o sentido empregado a secular é de "pertencente ao tempo profano". Nesses termos, a exclusão da dimensão religiosa não constitui sequer uma condição necessária ou uma condição suficiente do conceito de "secular".

O desenvolvimento da ciência e a profusão das teorias políticas entre os séculos XV e XVIII propiciaram uma nova visão da ordem social. A sociedade, que antes buscava respostas em fontes distantes de legitimidade ou em tempos imemoriais, passa a tomar conhecimento de si. A finalidade de toda a ação passa a ser humana.

A sociedade moderna passa a ser vista como um conjunto inter-relacionado de atividades de produção, intercâmbio e consumo, que compõe um sistema com suas próprias leis e sua própria dinâmica, na qual a esfera pública passa a ter um papel relevante. Os atos fundadores da

[30] Charles Taylor. Op. cit. p. 235.

[31] Op. cit. p. 75.

sociedade não são mais deslocados para um plano mais elevado, ou em um tempo heroico. A questão da legitimidade postula no tempo profano o seu fundamento[32].

Tzevetan Todorov ajuda a deixar mais claro o assunto ao comentar as mudanças trazidas pelo espírito das Luzes:

> Não é mais a autoridade do passado que deve orientar a vida dos homens, mas seu projeto de futuro. Nada é dito, entretanto, da experiência religiosa em si, nem da ideia de transcendência, ou de uma doutrina moral trazida por uma religião particular; a crítica tem em vista a estrutura da sociedade, não o conteúdo das crenças. A religião sai do Estado sem para tanto deixar o indivíduo (...) não tem por meta recusar as religiões, mas conduzir a uma atitude de tolerância e à defesa da liberdade de consciência.[33]

Essas alterações influenciaram o Constitucionalismo de finais do século XVIII, consolidado ao longo do século XIX que, sem prejuízo da convivência com a religião, firmou no mundo moderno o processo de secularização. Criou-se um repertório de regras para que a própria sociedade se transformasse sem que fosse necessário esperar por um desígnio divino ou uma justificativa transcendente, bastando o conhecimento das regras estabelecidas e a concordância dos demais agentes sociais.

1.2. O constitucionalismo

O constitucionalismo de fins do século XVIII e início do século XIX, alcunhado como moderno, foi um movimento social e cultural que, no domínio político, preocupou-se em ordenar em novas formas a legitimidade do poder no Estado, prevendo critérios para a sua organização e definindo limites à sua atuação, com a previsão de direitos civis aos seus cidadãos, de quem e para quem emanava todo o poder constituído.

[32] Segundo Taylor: "A idéia de fundação é removida do tempo antigo místico e vista como algo que as pessoas podem fazer hoje" (...) "algo que pode ser produzido por uma ação coletiva num tempo contemporâneo, puramente secular. Isto aconteceu em algum momento do século XVII, mas bem mais perto de seu final que do início".

[33] Op. cit. p. 12.

As novas características trazidas pelo constitucionalismo moderno a partir do último quartel do século XVIII e início do XIX agrega ao termo Constituição três ordens de significados[34].

A Constituição tornou-se um ato simbólico. Antes de ser uma lei, aparecia como um ato fundador do Estado e fundador de um determinado regime. No caso brasileiro, não foram poucos os esforços no começo do século XIX para que o Império recém-criado, dirigido por um governo monárquico, fosse aceito como um novo membro da ordem internacional. Com relação à Santa Sé, por exemplo, ante as tentativas de sabotagem do governo Português, somente em 1826, o Papa reconheceu o novo País[35].

A partir de então, a Constituição também trouxe consigo a ideia de que não se admite nenhum poder que não seja limitado e os seus detentores, o povo e os governantes, aceitam a fixação dos limites.

Por fim, o documento político fundador do Estado e limitador do poder despontou como um conjunto de regras jurídicas organizadoras da vida política e social, do qual decorriam outras normas e que tinham nela seu fundamento de validade. Desde a primeira constituição brasileira fazia-se referência aos Códigos Civil e Criminal que deveriam ser criados para a organização da Nação (179, XVIII).

Curioso é que esses novos significados somaram-se à "metáfora anatômica" das Constituições, comuns desde a antiguidade quando as Constituições eram comparadas com o corpo humano. "O Direito Natural se apropriou dela e a desenvolveu na época do barroco, como alegoria da *societas perfecta*"[36].

Pelo velho mundo, houve em épocas anteriores constituições, ou um "constitucionalismo antigo", caracterizado por um "conjunto de princípios escritos ou consuetudinários alicerçadores da existência de direitos estamentais perante o monarca e simultaneamente limitadores de seu

[34] Cf. Philippe Ardant. *Instituitions Politiques &Droit Constitucionnel.* 15ª edition. Paris: Librairie Générale de droit e jurisprudence, 2003, pp. 49-51.

[35] Guilherme Pereira das Neves "A Religião do Império e a Igreja" in Grinberg, Keila e Salles, Ricardo (Org.) *O Brasil Imperial. Volume I 1808-1831.* Rio de Janeiro: Civilização Brasileira, 2009, p. 397.

[36] Reinhart Koselleck. *Futuro passado: contribuição à semântica dos tempos históricos.* Tradução do original alemão Wilma Patrícia Mass, Carlos Almeida Pereira; revisão da tradução César Benjamin, Rio de Janeiro: Contraponto: Ed. PUC-Rio, 2006, p. 126

poder"[37], muito diverso, portanto, das novidades surgidas com as revoluções do final do século XVIII, as quais trouxeram a marca da modernidade com relação ao conceito de nação como comunidade política, à soberania e à fonte do poder constituinte, emanado do povo, ilimitado, irrestrito e autônomo. A Constituição, organizadora e limitadora dos poderes do Estado, seria, desde então, a fonte de garantia aos direitos individuais.

A respeito das novidades trazidas pelo Constitucionalismo moderno Antonio Manuel Hespanha ponderou que

> Em todos esses pontos — e ainda noutros — damo-nos conta de indícios de sentidos novos, ou apenas da combinação entre dois horizontes do sentido das palavras e das práticas: o novo horizonte intelectual e político criado pela era das revoluções dos finais do século XVIII e o horizonte da tradição. O que se escreve e o que se faz, nestes anos de mudança, inscreve-se ao mesmo tempo nos dois; talvez por um cálculo oportunista de fazer passar por tradicional aquilo que se queria fazer de novo, ou talvez, apenas, porque palavras e práticas eram pensadas e agidas ao mesmo tempo nos dois planos, satisfazendo a novidade e, ao mesmo tempo acomodando a tradição.[38]

No caso brasileiro, ao mesmo tempo em que a Constituição declarava que o Império era a associação política de todos os cidadãos brasileiros (artigo 1º), estabelecida como um governo monárquico constitucional e representativo (artigo 3º), ela declarava que a religião católica continuava

[37] JJ. Gomes Canotilho. *Direito Constitucional e Teoria da Constituição.* 7ª edição. Coimbra: Almedina, 2003, p. 52-52. O autor também detalha outras formas de constitucionalismo referidas pela cultura ocidental, o constitucionalismo grego e o constitucionalismo romano, o que, a seu ver, justifica, "ainda hoje, a indispensabilidade de um conceito histórico de Constituição. Por constituição em sentido histórico entender-se-á o conjunto de regras (escritas ou consuetudinárias) e de estruturas institucionais conformadoras de uma dada ordem jurídico-política num determinado sistema político-social." Ainda segundo Canotilho, "este conceito — utilizado sobretudo por historiadores — serve também para nos por de sobreaviso relativamente a interpretações políticas de outras épocas em que vigoravam instituições regras, princípios e categoria jurídico políticas radicalmente diferentes dos conceitos e das categorias da modernidade política."

[38] *Hércules confundido: sentidos improváveis e incertos do constitucionalismo oitocentista: o caso português.* Curitiba: Juruá editora, 2010, pp. 71-72.

a ser a religião oficial do Império, fiando-se em uma tradição secular herdada da monarquia portuguesa (artigo 5º).

Simultaneamente à declaração de direitos (artigo 179), o constitucionalismo brasileiro da década de 1820, que "pondo em forma escrita as limitações ao poder, tentava ser uma reformulação política do direito e uma formulação jurídica da política"[39], titubeava em relação à extensão das garantias, quando, por exemplo, impedia que os lugares de cultos acatólicos tomassem forma exterior de templo (artigo 5º, parte final).

Veremos a seguir que não obstante a laicidade derivada do Iluminismo estar intimamente ligada ao constitucionalismo moderno (na medida em que este garante autonomia ao indivíduo), no que diz respeito à questão religiosa, a tradição — ou a continuidade — sempre esteve presente, com maior ou menor intensidade, o que não implica em negação ao processo de secularização.

1.3. Igrejas nacionais e as religiões oficiais de Estado no século XIX

A intenção dos próximos itens desenvolvidos é apresentar ao leitor, ainda que na forma de uma breve síntese, como eram as relações entre o Estado e as instituições religiosas nos países europeus para os quais olhavam as nossas elites políticas e os juristas brasileiros do século XIX.

1.3.1. *As relações entre o Estado e a Igreja na Inglaterra*

País com maior influência sobre o Brasil no plano econômico durante o século XIX, a Inglaterra, símbolo do liberalismo, possuía uma Igreja oficial desde o século XVI, quando Henrique VIII, diante da negativa papal de reconhecer como válido seu casamento com Ana Bolena, com quem já possuía a sua filha e futura rainha Isabel, editou o *Ato de Supremacia*, aprovado pelo parlamento Inglês em 3 de novembro de 1534, segundo o qual o rei passaria a ser o único chefe da igreja na Inglaterra.

Toda autoridade e poder espiritual até então exercido pelo pontífice católico em território inglês passava ao comando real.[40] O *Ato de Supre-*

[39] Nelson Saldanha. "A teoria do poder moderador e as origens do direito político brasileiro" *in Quaderni Fiorentini per la storia del pensiero giuridico moderno*, nº 18, Milano: Giufre editore, 1989, p. 254.

[40] E. C. S. Wade e G. Godfrey Phillips. *Constitutional Law*. London: Longmans, 1960, pp. 455-456.

macia considerava traição punida com morte o não reconhecimento do novo matrimônio real e a não aceitação do poder espiritual do rei, mas ainda não representava a adoção do rito protestante, o que só ocorreu sob o reinado de Isabel.

Desde então, os católicos passaram a ter de observar inúmeras restrições ao exercício de atos da vida civil, a maior parte delas dispostas nos *Test Acts* do século XVII, um conjunto de leis que vetava aos católicos o acesso a cargos públicos, a aquisição de terras e o casamento com protestantes. Somente no segundo quartel do século XIX, o governo britânico estenderia direitos civis e políticos aos católicos em igualdade de condições com os protestantes. Pressionado pelo eleitorado da Irlanda, país de maioria católica que desde 1800, com o *Act of Union*, fazia parte da Grã-Bretanha, a Inglaterra aprovou, em 1829, o *Catholic Relief Act*, revogando os *Test Acts*.

Na Irlanda, desde 1778, os católicos tinham recuperado o direito à propriedade, condição indispensável naquela época para se tornar eleitor, mas o direito a voto ao parlamento Irlandês só estaria garantido em 1793. Antes, em 1791, havia sido garantida a liberdade de culto. Nesse panorama, desde a aprovação do Ato de União pelo Reino Unido havia a expectativa dos católicos irlandeses e ingleses das derrubadas das restrições àqueles que não professassem a religião anglicana[41].

O processo de emancipação católica foi ganhando corpo com a atuação da Associação Católica fundada em 1823 pelo católico irlandês Daniel O'Connell que, em 1827, eleito deputado por expressiva votação sobre o seu adversário protestante, não tomou assento no parlamento por ter se recusado a fazer o juramento católico, promovendo, então, uma campanha para acabar com as restrições políticas aos católicos. Compreendendo a força política de O'Connell[42], Arthur Coley, Secretário de Estado para a Irlanda, pressionou Jorge IV para encaminhar ao

[41] Ver Colin Rhys Lovell. *English Constitutional and Legal History*. New York: Oxford University Press, 1962, p. 437.

[42] Digno de nota a manobra engendrada por O'Connell, induzindo bispos católicos a declarar que a infalibilidade do papa e o seu supremo poder nas coisas seculares não faziam parte do dogma católico. Assim, o fato de ser católico não implicaria no reconhecimento de um poder concorrente, no plano político com o do rei. Ver Karl Bihlmeyer, Hermann Tuechle e Mons. Paulo Florêncio da Silveira Camargo. *História da Igreja. Idade Moderna*. Trad. Ebion de Lima. São Paulo: Paulinas, 1965, p. 472.

parlamento um *Bill* de emancipação dos católicos, o *Catholic Relief Act*, aprovado em 1829.

Com exceção dos cargos de Lorde-chanceler da Inglaterra e da Irlanda e de vice-rei da Irlanda, aos católicos foi permitido o acesso ao parlamento e a cargos estatais. No entanto, apesar de garantir o acesso imediato ao parlamento, o ato de emancipação católica foi aplicado gradualmente, superando aos poucos o clima de intolerância. Assim como ocorreu na Igreja Católica Romana, a segunda metade do século XIX representou um período de grandes mudanças para a Igreja Anglicana.

Como parte das consequências do movimento de Oxford, conhecido pela busca das origens católicas da Igreja Anglicana, em 1847 foi revisado o Direito Canônico e aprovada a *Sinodical Governenement Measure*, instituindo um sistema representativo nas paróquias, diminuindo a ingerência real sobre as nomeações.[43] Em 1854 foi possível o acesso dos católicos ao bacharelado. Por parte de Roma, somente em 1896 o papa Leão XIII suprimiu a proibição, muitas vezes desobedecida, dos católicos frequentarem Oxford e Cambridge.[44]

1.3.2. *A França e o sistema de concordata*

Sem dúvida foi da França, da sua revolução e da declaração de direitos do fim do século XVIII que vieram os maiores exemplos políticos e intelectuais para os juristas do Império do Brasil, influenciando tanto a constituição do ordenamento brasileiro nos primeiros anos de independência quanto o debate jurídico da segunda metade do século XIX[45].

[43] Joaquim Martinez Valls. "Algunos aspectos de las relaciones Iglesia y Estado em Inglaterra" *in Las relaciones entre la Iglesia y el Estado. Estudios em memoria del Professor Pedro Lombardia*. Madrid: Univesidad Complutense. p. 633.

[44] Guido Zagheni. *A Idade Contemporânea: curso de história da Igreja*. Trad. José Maria de Almeida. São Paulo: Paulus, 1999, p. 95.

[45] Interessante notar a predominância de leituras e da influência dos autores franceses durante o Império brasileiro. A bibliografia de direito público citada na obra *Direito Público Brasileiro e Análise da Constituição do Império*, escrita por José Antônio Pimenta Bueno na segunda metade do século XIX, é sintomática da influência francesa ou francófona sobre os juristas brasileiros. Das quase quarenta obras citadas, apenas quatro são a respeito do direito Inglês: a *Constituição Inglesa*, de De Lolme; o *Comentário sobre as leis inglesas*, de Blackstone; o *Direito Inglês*, de Laya; e por fim, a *Legislação Inglesa*, de Westoby. *Direito Público Brasileiro e Análise da Constituição do Império*. Rio de Janeiro: Serviço de Documentação do Ministério da Justiça. 1958. pp. 15-16.

O papel reservado à Igreja na Constituição do Império do Brasil, apesar de visto como resquício do regalismo português, pode ser interpretado a partir do modelo adotado pela França.

No início do movimento revolucionário, embora o denominado Baixo Clero, identificado com o povo, estivesse interessado em mudanças, a Igreja Católica, dirigida pelo papa e pelo Alto Clero, tinha sua imagem ligada à do antigo regime. Depois de ter a Assembleia Nacional Constituinte enunciado na Declaração dos Direitos do Homem e do Cidadão o direito de todo homem expressar suas opiniões religiosas sem ser molestado[46], os bens da igreja foram confiscados para conter a crise financeira, tendo sido aprovada a lei de 12 de julho de 1790, conhecida como constituição civil do clero, instituindo, a partir de então, o novo perfil da Igreja Católica na França. Nesse diapasão, "a reforma do clero decorria necessariamente da reforma do Estado e da administração"[47].

A constituição civil do clero reduziu o número de bispos e padres, vinculou-os à máquina administrativa, como funcionários públicos, e estabeleceu eleição dos clérigos, obrigando-os a prestar um juramento de respeito às leis francesas, renunciando à autoridade papal. Na sequência dos acontecimentos, a Constituição da República Francesa de 1791 estabeleceu a exclusividade do matrimônio civil. Na fase mais radical da revolução, a Igreja Católica seria proscrita pelo governo jacobino, com a proclamação da religião da razão e do calendário revolucionário.

Claude Langlois, em busca das razões que conduziram a questão religiosa de 1791 à fase mais radical da Revolução, identifica, entre os anos de 1789 e 1791, a tensão entre dois modelos ideológicos, um "liberal" e outro "estatal", que marcaram as relações entre a igreja e o Estado francês pelos anos seguintes. Segundo o autor:

> se geralmente se admite que é a questão religiosa através da qual o Juramento de 1791 conduz a Revolução até a radicalização, importante, então, investigar as suas razões. Elas se manifestam claramente nos debates de 1789 e 1890 que tratam de definir a situação da religião

[46] Art. 10. "Ninguém deve ser perseguido por suas opiniões, mesmo religiosas, se sua manifestação não infringe a ordem pública estabelecida pela Lei." ("Nul ne doit être inquiété pour ses opinions, même religieuses, pourvu que leur manifestation ne trouble pas l'ordre public établi par la Loi").

[47] Albert Soboul. *La revolution française*. Paris: Tel Gallimard s.d.

> na nova construção política. Na realidade dois modelos ideológicos se opõem: um liberal — expressado nas Declarações dos direitos do homem — se apóia na evidente pluralidade confessional (católicos, protestantes e também judeus) para promover, sob o modo negativo, uma possível expressão das convicções religiosas e a livre escolha dos crentes; o outro, estatal ou "jacobino — representado pela Constituição Civil do Clero — trata de integrar o catolicismo na nova organização espacial e política da Constituição, considerado como serviço público de culto. A imposição deste modelo em detrimento do primeiro é que conduzirá à crise de 1791 cujos efeitos foram imediatos e duráveis.

Como fruto dessa tensão, as relações entre a Igreja católica e o Estado Francês voltariam à normalidade, embora sem o reestabelecimento da situação precedente, somente em 15 de julho de 1801, com a assinatura da concordata estabelecida, em Paris, entre a Igreja Católica, representada por seu secretário de Estado, o Cardeal Consalvi, e Napoleão Bonaparte. Originalmente com 17 artigos, aos quais foram aditados outros 77 de maneira unilateral pelo Estado francês, os traços estruturantes da concordata francesa permaneceram em vigor, com poucas alterações, até 1905, quando houve a separação entre o Estado francês e a Igreja Católica.[48]

Em linhas gerais, a concordata reconhecia o catolicismo como a religião da maioria dos franceses, voltando a permitir os cultos de maneira livre e pública, observadas as restrições da lei. Resgatando ideais galicanos[49] de fins do século XVII, a concordata afirmava o poder temporal frente à Igreja.

[48] Para uma evolução dos diplomas legais relativos ao fenômeno religioso na França, inclusive com menções aos avisos do Conselho de Estado francês ver Georges Bourgin. "Les sources manuscrites de l'histoire religieuse de la france moderne". In. *Revue d'histoire de l'Église de France.* Tomo 10, nº 46, 1924.pp. 27-66, disponível em http://www.persee.fr, acesso em 3 de março de 2010.

[49] Galicanismo era o termo utilizado para designar o conjunto de teorias que defendiam a auto-outorga de direitos pela Igreja Católica Francesa e pelo Estado francês frente ao papado, com a finalidade de manter os poderes temporais imunes à jurisdição de Roma. Essas teorias foram consolidadas na "Declaração do Clero Francês" escrita, em 1682, por Benigne Bossuet. Nesse sentido: David Gueiros Vieira. *O Protestantismo, a maçonaria e a questão religiosa no Brasil.* Brasília: Editora UnB, 1981p. 28.

Sob o enfoque canônico, o sistema concordatário, cujas origens remontavam ao século XII, estava baseado na "teoria dos privilégios" (*theoria privilegiorum*), segundo a qual todo o poder, seja espiritual ou temporal, derivava de um plano transcendente que tinha a Santa Sé como mediadora para a concessão de liberalidades consubstanciadas em um instrumento revogável unilateralmente. Todavia, na prática do direito público oitocentista, a concordata de Napoleão representou a legitimação e a formalização posterior de privilégios e poderes usurpados pelo Estado, como era o caso da nomeação de bispos, reconhecendo a Igreja a sua impotência para alterar situações de fato [50].

As regras fixadas na concordata francesa de 1801 eram representativas do poder que faria Pio VII ir a Paris assistir à coroação de Napoleão, na catedral de Notre-Dame, em 2 de dezembro de 1804. Por ela, competia ao Estado a nomeação dos bispos e a aprovação, pelo *placet* estatal, de todos os decretos papais e sínodos internacionais. Como demonstração da soberania estatal, a convocação de sínodos e a presença de legados pontifícios na França passariam a depender de permissão do governo. Em matéria de jurisdição eclesiástica, a concordata previa recurso ao Conselho de Estado francês contra atos do tribunal eclesiástico.

A postura do Estado frente a igreja consolidou, no plano do direito, em contraposição à "teoria de privilégios", a "teoria legal", mais coerente com o advento do constitucionalismo liberal. Segundo essa teoria, utilizada como uma explicação do sistema concordatário, a Igreja, como qualquer órgão da sociedade, está em uma posição de subordinação jurídica em relação ao estado. A concordata, então, passou a ser uma forma de acordo de direito público interno, cuja "disciplina jurídica ficaria na total disponibilidade do Estado, devendo submeter-se aos princípios constitucionais da prevalência e da tipicidade das leis" [51].

Mesmo após a queda de Napoleão e a restauração marcada pelo congresso de Viena, seguida da afirmação da Igreja Católica como religião de Estado por Luís XVIII, as balizas lançadas pela concordata de 1801 foram mantidas até a primeira década do século XX, assim como os avanços do constitucionalismo liberal, os quais, vistos como uma ameaça

[50] Jónatas Eduardo Mendes Machado. *Liberdade religiosa numa comunidade constitucional inclusiva.*Coimbra: Coimbra Editora, 1996, p. 40.

[51] Idem. cit., p. 40.

às pretensões teológico-políticas da Igreja Católica, provocaram a reação ultramontana e as críticas doutrinais do Syllabus[52].

1.3.3. *EUA e a separação entre o Estado e a Igreja.*

Se a laicização do Estado francês não escondeu sua hostilidade à Igreja Católica, nomeadamente por ser ela identificada com o antigo regime, o modelo de separação entre Estado e Igreja adotado pelos Estados Unidos visava ao bom convívio das diversas comunidades religiosas que emigraram para o continente americano.

Curioso notar que quando da aprovação da Constituição norte-americana, em 17 de junho de 1787, pela Convenção da Filadélfia, havia nas treze colônias uma grande diversidade confessional, merecendo destaque o fato de onze delas adotarem oficialmente alguma confissão religiosa ou, de modo geral, o cristianismo, e apenas duas, Virginia e Rhode Island, adotarem um modelo de plena liberdade.

O caso de Rhode Island é simbólico, apesar de não representar a prática da maioria das colônias, que adotava uma religião oficial. A colônia foi fundada em 1636, por Roger Williams, emigrante inglês a quem se atribui a fundação da primeira igreja baptista americana. Willians ficou conhecido por defender a tolerância religiosa e a plena separação entre Estado e a Igreja.

O histórico de separação entre o Estado e a Igreja em Rhode Island é citado como exceção por Joseph Story, que foi membro da Suprema Corte dos Estados Unidos entre os anos de 1811 e 1845. Seus *Commentaries on the Constitution of the United States* constituem uma importante fonte de investigação do ideário dos juristas americanos do século XIX.

A obra, escrita a partir de reflexões no magistério em Harvard, está dividida em três livros: uma narrativa histórica da política de cada colônia no momento precedente à aprovação da Constituição; a narrativa sobre o início, o progresso e o fim da confederação; e, por fim a história sobre a adoção da constituição e uma explicação sobre suas disposições, incluindo as emendas.

No Brasil, foi mais difundida após o movimento republicano, ganhando uma tradução em 1894, após ter influenciado a elaboração da

[52] Neste sentido: Jorge Miranda. *Teoria do Estado e da constituição.* Rio de Janeiro: Forense. 2007, p. 48.

Constituição da Republica de 1891. Na apresentação da edição brasileira, o tradutor Theophilo Domingos Alves Ribeiro, lente da Faculdade de Direito de Minas Gerais, justifica a importância de, assim como a primeira constituinte republicana, "ir beber na mesma fonte de onde se canalizam as águas que vieram fazer germinar em terras brasileiras a semente fecunda da república federativa" [53].

Interessante que em seus *Comentários* Joseph Story destaca o fato de que cada colônia, desde a sua fundação, de certa forma incentivou ou manteve, por suas leis ou instituições, a religião cristã. O jurista norte-americano lembrava, ainda, que era comum entre os juristas e escritores políticos do seu tempo aqueles que acreditavam no direito da sociedade ou do governo interferir em assuntos de devoção, crença e moralidade indispensáveis à administração da justiça civil:

> Até onde qualquer governo tem o direito de interferir em questões atinentes à religião tem sido um assunto muito discutido pelos escritores do direito público e político. O direito e o dever de interferência do governo, em assunto de religião, têm sido sustentados por muitos eminentes autores, tanto por aqueles que foram os mais ardentes defensores dos governos livres, como por aqueles que foram ligados a governos de caráter mais arbitrário. De fato, o direito de uma sociedade ou governo de interferir em assuntos de religião dificilmente será contestado por quaisquer pessoas, que acreditam que a piedade, a religião e a moralidade estão intimamente ligados ao bem-estar do Estado, e indispensável à administração da justiça civil. "(...)" na verdade, cada colônia americana, desde sua fundação até a revolução, com a exceção de Rhode Island, (se é que, de fato, esse estado é uma exceção) abertamente, por todo o curso de suas leis e instituições, apoiou e manteve, de alguma forma, a religião cristã, e quase sempre deu uma permissão peculiar a algumas de suas doutrinas fundamentais[54].

[53] *Commentários à Constituição dos Estados Unidos.* Tradução Thephilo Ribeiro. Ouro Preto: Thypographia Particular do Traductor, 1894, p. 4.

[54] Joseph Story. *Commentaries on the Constitution of the United States.*5ª ed. *Boston: Little Brown and Company, 1891.* pp. 628-629. No original: "How far any government has a right to interfere in matters touching religion, has been a subject much discussed by writers upon public and political law.The right and the duty of the interference of government, in matters of religion, have been maintained by many distinguished authors, as well those, who were the warmest advocates of free governments, as those, who were attached to governments

De certa forma, essa diversidade religiosa nas treze colônias propiciou um clima de desconfiança entre os grupos religiosos existentes. Embora não citado como exceção no excerto acima de Story, Thomas Jefferson, ao engendrar o *Estatuto da Virgínia para a Liberdade Religiosa* mais de um século depois da fundação de Rhode Island, preocupava-se com o fato de que algum desses grupos religiosos no poder pudesse fazer do Estado um instrumento de conversão compulsória, ou de privilégios infundados de uns em detrimento de outros, o que, alguns anos mais tarde, ao lado da corrente defendida por Madison, segundo a qual o Estado só deveria intervir por exceção e motivado pela garantia da ordem pública[55], foi determinante para a redação da Primeira Emenda à Constituição dos Estados Unidos que, em 1791, instituiu as cláusulas religiosas ao texto constitucional (*religion clauses*).

Assim como Roger Williams ao fundar sua colônia no fim do século XVII, Thomas Jefferson, ao elaborar seu *Estatuto*, pensou em um muro de separação entre o político e o religioso. No entanto, enquanto Willians falava de um muro seguro em torno do "jardim da religião" protegendo-o contra o "deserto da política", Jefferson queria um firme muro em torno de cada célula religiosa, a fim de evitar que o sacerdócio corrompesse a política. Willians, como um religioso, tinha a visão de uma Igreja despolitizada protegida das intromissões dos políticos, enquanto Jefferson, como um estadista, via um governo secularizado protegido das ambições dos prelados e dos sacerdotes[56].

of a more arbitrary character. Indeed, the right of a society or government to interfere in matters of religion will hardly be contested by any persons, who believe that piety, religion, and morality are intimately connected with the well-being of the state, and indispensable to the administration of civil justice." (...) "In fact, every American colony, from its foundation down to the revolution, with the exception of Rhode Island, (if, indeed, that state be an exception,) did openly, by the whole course of its laws and institutions, support and sustain, in some form, the Christian religion; and almost invariably gave a peculiar sanction to some of its fundamental doctrines."

55 Para a influência de James Madison e da obra *Federalist Papers* para a configuração a questão das relações entre o Estado e Igreja ver o artigo de Antoine Imbert e Erwan Le Noan, "James Madison, la liberte religieuses et la laïcité" *in Société, Droit & Religion*. N. 2 Paris: CNRS Editions, p. 2011, 97-112.

56 Pensando as diferentes visões de Willians e Jefferson sobre a cláusula de separação (*moral disestablishment*), Neil MacCormick sugere que devemos pensá-la como um programa de duas faces, por um lado, destinado a defender a moral de julgamentos invasivos do governo pela instrumentalidade da lei e, por outro lado, proteger a alçada da lei das excessivas

Ainda digno de nota o fato de que, antes da Primeira Emenda, a constituição somente previa, no artigo 6°, que nenhuma declaração religiosa poderia ser exigida como qualificação para o exercício de qualquer função ou cargo. Pelo texto da emenda, mais abrangente, o Congresso ficava desde então proibido de editar leis relativas ao estabelecimento de religião ou de obstar o respectivo livre exercício[57].

Na prática isso foi interpretado como uma vedação ao estabelecimento de uma religião oficial e como uma vedação à prática de qualquer ato que proibisse o livre exercício do culto, o que, no século XIX, representava uma novidade tanto no plano político quanto no plano religioso, dando margens a dúvidas a respeito de sua interpretação em solo norte-americano, enquanto no Brasil, o direito garantido pelas *religion clauses* "parecia inaceitável ao clero brasileiro, acostumado desde século ao patrocínio oficial do rei" [58].

Digno de nota é o fato de que até mesmo nos Estados Unidos, durante o século XIX, pairava controvérsia a respeito da aplicação da Primeira Emenda no âmbito dos Estados-membros. Para alguns contemporâneos, ela era, juridicamente, apenas uma forma de limitar o poder central, possibilitando aos Estados adotarem aquilo que melhor lhes aprouvessem no âmbito de suas autonomias, interpretação que dava margem inclusive a expressar preferência religiosa.

Visando a esclarecer o âmbito de aplicação da Primeira Emenda pelos Estados, foi apresentada, em 1876, uma proposta de emenda à constituição (*Blaine Amendment*) com intuito de extensão das *religion clauses* aos Estados-membros. No entanto, a proposta de emenda foi recusada e as garantias decorrentes da Primeira Emenda prevaleceram por interpretação e aplicação que dela fez o Poder Judiciário, ao longo do XIX e início do XX.

intromissões de moralistas. Neil MacCormick, "A Moralistic Case for A- Moralistic Law", 20 Valparaiso University Law Review, nº 1 (1985), pp. 11-12, disponível em http://scholar.valpo.edu/vulr/vol20/iss1/1, acesso em 2 de julho de 2012.

[57] No original: *"Congress shall make no law respecting an establishment of religion, or prohibiting the free exercise thereof..."*.

[58] José Reinaldo de Lima Lopes. *O Direito na História*. 3ª edição. São Paulo: Atlas, 2008, p. 259.

Maria Cláudia Bucchianeri Pinheiro assim sintetizou a questão:

> Cabe mencionar de que essa circunstância — de que o *Bill of Rights* foi concebido como uma forma de limitação do poder governo central, preservando-se uma esfera maior de autonomia aos entes da federação — fez com que parte da doutrina constitucional norte-americana entendesse que os direitos ali consagrados eram oponíveis unicamente ao governo federal, e não aos governos estaduais, pois se assim não fosse, um documento idealizado como instrumento de salvaguarda das comunidades políticas locais culminaria por restringir exatamente aquela parcela de autonomia cuja proteção se objetivava. (...) O que levaria à conclusão de que as cláusulas constantes das dez primeiras emendas à Constituição Americana voltam-se, unicamente, contra o governo federal. (...) O fato é que a Suprema Corte americana solucionou a questão, dando pela oponibilidade daquelas prescrições também às comunidades locais. O que se fez através da cláusula de incorporação constante da 14ª emenda (atinente ao devido processo legal, num posicionamento que maximiza a proteção aos direitos individuais de todos os cidadãos.[59]

Percebe-se, assim, que o modelo norte-americano o qual, no Brasil, inspirou a defesa de um modelo de Estado laico, assentava-se, no século XIX, sobre uma realidade distante do atual modelo de separação entre Estado e Igreja. Ao longo de todo o oitocentos, pelo trabalho da Suprema Corte e dos juristas norte-americanos, a construção a respeito da extensão das *religion clauses* foi ganhando corpo em torno da concepção de Thomas Jefferson, o que não significa que ela estivesse pronta e acabada.

1.3.4. *O modelo Ibérico*

Portugal e Espanha, por conta do vigor da Inquisição no controle do exercício da fé, sempre gozaram da fama de mais intolerantes dentre os países do velho mundo, situação que os ventos do iluminismo não conseguiram alterar de imediato, mas abriram caminho para que a tolerância em matéria de religião passasse a ser vista não mais como assunto dependente do controle da Igreja Católica, mas sim do domínio exclu-

[59] *A separação Estado-Igreja e a tutela dos direitos fundamentais de liberdade religiosa no Brasil.* Dissertação de Mestrado. São Paulo: Faculdade de Direito da USP, 2007, pp. 97-98.

sivo do poder estatal, prerrogativa defendida pelo jurista português Pascoal José de Melo Freire em seu *Projeto para um novo regimento do Santo Ofício,* durante o reinado de D. Maria (1777-99). Antes, Pombal, no bojo das reformas que puseram fim à discriminação oficial contra os cristãos novos, já havia utilizado a inquisição como mecanismo do poder e controle político com a subordinação do Tribunal ao Estado e não mais à Igreja, nomeando seu irmão como inquisidor-geral [60].

Em Portugal e Espanha, o pensamento iluminista e a sociedade intolerante foram o terreno em que a edição de constituições modernas, onde a lei imperava, concorreu, de forma coerente, com o fomento a uma religião oficial, a Católica, e com o conservadorismo com relação à aceitação de outros cultos para os seus cidadãos.

1.3.4.1. *Espanha*

Na Espanha, os ideais iluministas penetravam na sociedade pela imprensa periódica e se difundiam entre letrados pertencentes aos quadros do clero e da elite comercial que viam no exclusivismo religioso um prejuízo aos interesses comerciais e diplomáticos da Espanha; porém, parcela significativa da elite identificava as afrontas à unidade da fé católica como razão ao declínio da pujança do Estado.

Marco inicial do constitucionalismo ibérico, a constituição espanhola de 1812, a Constituição de Cádiz, surgida em meio ao movimento de resistência à invasão napoleônica, foi reconhecida como "a mais importante tentativa de combinar os traços essenciais do constitucionalismo moderno com a ordem monárquica existente" [61]. Seu texto disciplinou a confessionalidade do estado espanhol, invocando o nome de Deus em seu preâmbulo e proclamou a soberania nacional, transformando uma monarquia absoluta de direito divino em monarquia hereditária moderada. Seus constituintes, um terço deles pertencentes aos extratos mais elevados do clero[62], "desenharam um novo modelo de estado, o liberal-

[60] Stuart B. Schwartz. "Cada um na sua lei: tolerância religiosa e salvação no mundo atlântico ibérico. Tradução Denise Bottman. São Paulo: Cia das Letras; Bauru: Edusc, 2009, pp. 328-333.

[61] Horst Dippel. *História do constitucionalismo moderno: novas perspectivas.*Tradução António Manuel Hespanha e Cristina Nogueira da Silva. Lisboa: Fundação Calouste Gulbekian, 2007, p. 23.

[62] Joaquim Varela Suanzes — Carpegna. "O Constitucionalismo espanhol e português durante a primeira metade do século XIX (um estudo comparado)". *História constitucional,*

-burguês, arrasando o edifício político do antigo regime; ali se estabeleceu a linha programática do que seria o liberalismo espanhol até a Revolução de 1868" [63].

Se por um lado o regime espanhol de Cádiz proibia o exercício de qualquer culto que não fosse o católico, por outro, em seu curto período de vigência, a inquisição foi abolida pelo decreto de 22 de fevereiro de 1813 e, mais tarde, pelo decreto de 13 de setembro de 1813, os bens das comunidades religiosas extintas pelo regime bonapartista passaram à administração estatal. Uma tônica com a qual a Igreja teve de se acostumar ao longo do século XIX. Dois anos após o início de sua vigência, as Constituições e esses decretos contrários aos interesses da igreja foram revogados pela restauração absolutista, que perdurou entre os anos 1814 e 1820 e foi marcada pelo auxílio financeiro de Roma à monarquia de Fernando VII, que retornava ao trono após o afastamento forçado por Bonaparte. A Inquisição foi restabelecida, mas agora funcionava não mais para conduzir escolhas espirituais e sim para secundar os mecanismos de controle estatais, direcionando sua mira contra os centros maçônicos, onde se concentravam os opositores do regime.

Em meio à instabilidade política do país, o governo do triênio liberal (1820-1823) reagiu à ajuda prestada pela Igreja ao absolutismo e tomou medidas anticlericais, dentre as quais podem ser destacadas a extinção definitiva da Inquisição (1820) e a limitação do foro eclesiástico, principalmente na área criminal. Mesmo com a nova restauração absolutista, entre os anos de 1823-1833, Fernando VII se recusa a reestabelecer a Inquisição, despertando a desconfiança de setores do clero. O que se vê aqui é o Estado definindo seus poderes com relação aos poderes da Igreja, sobrepondo os poderes temporais aos eclesiásticos.

Após esses anos de frequentes sucessões de regimes políticos, as relações entre o Estado e a Igreja Católica na Espanha consolidaram-se pela forma consagrada no artigo 11 da Constituição de 1837, pelo qual a Nação se obrigava a manter o culto e os ministros da religião católica

nº 11, 2010, p. 241, disponível em www.historiaconstitucional.com, acesso em 21 de dezembro de 2010.

[63] Antonio Martínez Blanco. Derecho Eclesiástico Del Estado. Volumen I. Madrid: Editorial Tecnos, 1994, p. 285.

que professam os espanhóis[64], da mesma forma praticada em Portugal e no Brasil. Esse desenho institucional foi mantido pela Constituição de 1845, também pelo artigo 11, influenciando a Concordata celebrada em 1851 entre o governo espanhol e a Santa Sé, cujo modelo criado perdurou até o século XX, com um destaque para as mudanças originadas a partir da revolução de setembro de 1868, depositor o governo monárquico de Isabel II e que deu origem à Constituição de Constituição de 1869, mais garantista com relação à liberdade de culto, sem abrir mão da manutenção da Igreja Católica como religião oficial.

Segundo seu artigo 21, da mesma forma que nos documentos políticos anteriores, a Nação se obrigava a manter o culto e os ministros da religião católica, mas a novidade estava em garantir o exercício público ou privado de qualquer outro culto a todos os estrangeiros residentes na Espanha. O texto constitucional ainda previa, de maneira presunçosa, porque sua redação sugeria como algo difícil de acontecer, que se algum espanhol professasse religião diferente da católica seria estendida a garantia dada aos estrangeiros, bastando que o não católico observasse apenas as regras universais da moral e do direito.[65].

Precedendo à edição da Constituição, já havia sido publicado o Decreto de 14 de outubro de 1868, responsável pela secularização do ensino em terras espanholas. O ensino religioso deixaria de ser obrigatório na educação pública. No mesmo ano, a administração dos cemitérios passa para o Estado. No ano seguinte, a Lei de 18 de junho estabelece que o matrimônio civil é o único capaz de produzir efeitos jurídicos no âmbito do Estado, apesar de disciplinar a indissolubilidade do vínculo e manter os impedimentos de ordem religiosa.

[64] Art. 11. "La Nación se obliga a mantener el culto y los ministros de la religión católica que profesan los españoles." Para esta e outras constituições espanholas consultamos http://www.congreso.es/constitucion/ficheros/historicas, acesso em 11/09/2011.

[65] Art. 21 "La Nación se obliga a mantener el culto y los ministros de la religión católica. El ejercicio público o privado de cualquier outro culto queda garantizado a todos los estranjeros residentes em España, sin mas limitaciones que lãs reglas universales de la moal y Del derecho. Si algunos españoles profesan outra religión que la católica, es aplicable a los mismos todo lo dispuestoe nel párrafo anterior.

1.3.4.2. *Portugal*

Em Portugal, a primeira lei fundamental como expressão do constitucionalismo moderno foi a Constituição de 1822. Resultado da revolução liberal do Porto de 24 de agosto de 1820, mesmo ano em que o Estado deu cabo ao Tribunal do Santo Ofício, foi elaborada pelas Cortes Gerais Extraordinárias e Constituintes da Nação Portuguesa, nas quais estiveram presentes deputados representantes do Reino do Brasil, ainda território português.

Influenciada pelas resoluções das Cortes de Cádiz de 1812, a constituição portuguesa reproduziu muitos dos dispositivos da constituição espanhola, especialmente aqueles que extinguiam privilégios do antigo regime e declaravam a soberania da Nação. Todavia, o texto luso proclamava de forma mais ampla as liberdades individuais em seu primeiro título que tratava "*dos direitos e deveres individuais dos portugueses*". Com relação ao fenômeno religioso, enquanto o artigo 12 da Constituição de Cádiz proclamava a intolerância religiosa, proibindo qualquer culto que não fosse o católico, o artigo 25 da portuguesa permitia aos estrangeiros o exercício particular de seus cultos.

Quatro anos depois, quando D. Pedro I do Brasil torna-se sucessor do trono português como D. Pedro IV, ele outorga a Carta Política Portuguesa de 1826, à imagem e semelhança da Carta Brasileira de 1824. Nela, como na brasileira, declarava-se que a religião católica continuava a ser a religião do Império e permitia-se aos estrangeiros o culto doméstico ou particular em casas para isso destinadas, desde que não possuíssem forma exterior de templo.

A diferença é que o artigo 5º da Carta brasileira permitia o culto particular indiscriminadamente, e não apenas aos estrangeiros. Isso se deve ao fato de que durante o processo de independência, o povo brasileiro, como elemento pessoal do Estado recém-criado, era composto também pelos estrangeiros naturalizados, independentemente de sua religião (artigo 6º, V).

É verdade que havia dispositivo semelhante na Carta portuguesa que, depois de considerar português o nascido em Portugal ou em seus domínios (art. 7º, §1º), estendia a nacionalidade aos naturalizados, independentemente de sua religião (art. 7º §4º). No entanto, a extensão do direito de os portugueses professarem outra religião, ainda que de forma particular, não era pacífica no direito público português, mesmo diante do artigo 145 da Carta Portuguesa, que determinava que ninguém pudesse ser perseguido por motivos de religião.

Apesar de nesta época já não haver mais perseguição religiosa sistemática em Portugal, Silvestre Pinheiro Ferreira em suas *Observações sobre a Constituição do Império do Brasil e sobre a Carta Constitucional do Reino de Portuga*l, publicado em 1835, defendia que o português, sem exceção, deveria professar a religião católica, sob pena de perder sua nacionalidade e, José Dias Ferreira, depois famoso por *Código Civil Portuguez Annotado,* reconhecia, em julho de 1867, que a dicção do art. 7º, § 4º, reforçava o entendimento de que os cidadãos desde sempre portugueses, ou seja, não naturalizados, deveriam sempre professar a religião católica. Isso justificava naquela época naturalizações de portugueses como espanhóis com a finalidade de professarem a religião católica, aproveitando-se da liberdade religiosa instaurada pela Constituição Espanhola de 1869[66].

O modelo da Carta portuguesa de 1826 vigorou até século XX, salvo por um curto período em que vigorou a Constituição de 1838, resultado do regime instalado com Golpe de Estado de 9 de setembro de 1836. Por esta Constituição, que durou até 1842, quando a Constituição de 1826 foi restabelecida, previa-se a religião católica como religião de Estado (art. 3º), advertindo, de maneira mais permissiva que as demais constituições oitocentistas portuguesas, que ninguém poderia ser perseguido por motivo de religião (art. 11). Em meio à instabilidade política e com territórios com muçulmanos e hindus na África e na Ásia seria mais fácil o regime angariar sua legitimidade sem indispor com não católicos, o que também foi uma preocupação durante o restabelecimento da Constituição de 1826, notadamente em razão do disposto no artigo 132 da Carta[67] que determinava que a situação das províncias ficasse do mesmo modo como estava, amenizando no além-mar a proibição ao culto público.

[66] Para uma visão mais completa das discussões no direito português, ver artigo de Cristina Nogueira da Silva, de onde extrai as informações deste parágrafo. Liberdade e tolerância religiosa: "portugueses não católicos" no ultramar do século XIX. *Historia Constitucional* (revista electrónica), n. 8, 2007, pp. 52-54 disponível em http://hc.rediris.es/08/index.html, acesso em 25 de maio de 2012.

[67] Art. 132- A Administração das Províncias ficará existindo do mesmo modo, que actualmente se acha, enquanto por Lei não for alterada.

Quando o Código Civil português foi editado com a previsão do casamento civil, realizado por escritura pública, para aqueles que não professavam a religião católica, o argumento de que a proibição do culto público só se aplicava no continente europeu e não aos "povos da conquista" foi utilizado por Visconde de Seabra, um dos autores do Código, para harmonizar a disciplina do código que exigia a celebração pública com a Carta que vedava o culto público.

A solução apresentada, mesmo no último quartel do século XIX, sofreu as críticas da academia, como demonstra excerto da dissertação acadêmica sobre o casamento civil apresentada por Manuel de Azevedo Araújo e Gama para o concurso a uma das substituições vagas na Faculdade de Teologia da Universidade de Coimbra

> A doutrina do projeto do Código Civil pode formular-se em dois princípios: (1º) para os súditos católicos, e destituída de efeitos civis qualquer forma de matrimônio; (2º) os súditos não católicos deve celebrar o casamento religioso segundo os seus ritos, uso e costume, contanto que seja acompanhado de um contrato civil, exarado com escritura pública.
>
> O Sr. Visconde de Seabra baseava esta doutrina principalmente no artigo 6º da Carta. Segundo ele o referido artigo fala da religião católica só como culto e forma exterior, e é neste sentido que se impõe aos cidadãos portugueses. Não podia a Carta referir-se à religião como crença e sentimento interno, porque nem este pode ser imposto por uma lei, nem o §4º do artigo 145 permite uma tal suposição.
>
> Todavia (acrescenta) como o artigo 6º se refere aos portugueses unicamente naturais do continente, e não cogita dos habitantes das conquistas, pressupõe que ao culto externo corresponde no ânimo dos cidadãos a crença interna
>
> Esta interpretação não justifica plenamente o sistema proposto pelo ilustre redator do Código Civil. A nação portuguesa admitiu os decretos do concílio Tridentino; e por este motivo, e porque o artigo 6º não permite aos portugueses um culto diverso do católico, foi que o Sr. Visconde de Seabra propôs o casamento religioso como obrigatório para os católicos. A coerência pois devia movê-lo e não admitir outra forma de matrimônio; equiparar ao sacramento dos católicos o casamento cele-

brado em qualquer religião ou rito é quase afrontar o catolicismo e derrogar o artigo 6º.[68]

As críticas podiam encontrar respaldo em uma interpretação literal da Lei e da Constituição. Mesmo dando motivo a críticas tanto por aqueles que desejavam o fortalecimento das instituições eclesiásticas, quanto por aqueles que se pautavam pela ideia de secularização, o sistema de subvenção e controle da Igreja oficial adotado em 1826 pela Carta perdurou até a proclamação da república, quando, então, o Decreto de 20 de abril de 1911, conhecido por Lei de Separação, declarou que a Igreja Católica deixava de ser a religião do Estado, ao qual ficou vedada a subvenção de qualquer culto, embora ainda lhe incumbisse a fiscalização (art. 17).

1.4. Os modelos de relações disponíveis em Estados liberais

Do que foi visto, podemos resumir os modelos disponíveis de relações entre o Estado e a Igreja conforme sejam marcados pela forma de união, como ocorreu no Brasil e na Inglaterra, pela de separação, como foi o caso dos Estados unidos, ou, ainda, de proibição, como ocorreu durante a fase mais radical da revolução francesa.

Levada em consideração a forma de união, o caso inglês acima enunciado pode ser reconhecido como modelo cesarista, em que a Igreja está dependente do Estado, confundindo-se a figura do Chefe de Estado com a suprema autoridade eclesiástica, ponto em que só se difere das teocracias pela prevalência das razões temporais nos assuntos de governo. Marcelo Caetano lembra que o regalismo, modelo praticado no Brasil e em Portugal, que adotaram o sistema do padroado, é uma "forma atenuada de cesarismo em que o monarca, não reivindicando a chefia da Igreja, possui, a título de seu protector ou a outro qualquer, certas regalias que lhe asseguram o controlo da organização e da ação eclesiástica em seu reino".[69]

[68] *Estudo sobre o casamento civil: dissertação acadêmica que para o concurso a uma das substituições vagas na faculdade de theologia da Universidade de Coimbra.* Coimbra: Imprensa Acadêmica, 1881, pp. 175-176.

[69] Marcello Caetano. *Manual de Direito Administrativo.* Rio de Janeiro: Forense. 1970, p. 370.

A forma de separação, da qual os Estados Unidos foram o grande modelo, embora possa ser identificada com o liberalismo, não implica no entendimento de que os países que não a adotavam não eram liberais. Seria um engano afirmar que a Inglaterra e o Brasil do século XIX não eram liberais porque adotavam a forma de união entre o Estado e a Igreja, como alguns juristas, do qual Caetano é um expoente[70], e também historiadores da envergadura de Maria Odila Leite da Silva Dias podem dar a entender.[71] Na verdade, Estados ligados em maior ou menor grau com a Igreja eram tão liberais quanto aqueles dela separados, desde que liberalismo seja identificado com o constitucionalismo, sentido de modelo liberal do qual compartilhavam muitos dos participantes do processo de independência.[72]

[70] Segundo o autor "o liberalismo implica a indiferença do Estado perante a natureza das organizações confessionais". op.cit., 1970, p. 370.

[71] A leitura que a autora faz das influências dos ideais da Revolução Americana de 1776 no processo de construção do Estado brasileiro dá a entender que o modelo dos Estados Unidos seria mais compatível com uma ideologia liberal compartilhada por muitos políticos brasileiros da década de 1830, mas que dela abriram mão por conta do "pesadelo haitianista", como ficou conhecido o pavor, difundido pela ideologia contra-revolucionária, de uma revolta de escravos, aludindo à Revolução de São Domingos. Cf. "Ideologia liberal e construção do Estado". In idem. *A interiorização da metrópole e outros Estudos.* São Paulo: Alameda, 2005, pp.138-140.

[72] Neste sentido José Reinaldo de Lima Lopes. "Iluminismo e jusnaturalismo no ideário dos juristas da primeira metade do século XIX". *In* Istvan Jancso (org.) *Brasil: formação do Estado e da Nação.* São Paulo-Ijuí: Hucitec, 2003, p. 198.

2. A IGREJA E O ESTADO NA MONARQUIA CONSTITUCIONAL BRASILEIRA

2.1. A Constituição do Império e o fenômeno religioso

Concebida em meio a pretensões liberais, caracterizadas pela tentativa de reforma das instituições jurídicas, a Carta de 1824 foi outorgada com o intuito de dar ordem ao novo Estado. Incumbiu o Legislativo da criação do ordenamento e determinou a criação, "o quanto antes, de um Código Civil e Criminal, fundado nas sólidas bases da justiça e equidade" (179, XVIII).

Enquanto não implementado o mandamento constitucional e editados os Códigos, foram aplicadas no país as leis, regimentos, alvarás e outras normas editadas pelos reis de Portugal até 1823, nos termos da Lei de 20 de outubro de 1821, aprovada pela então Assembleia Constituinte dias antes de sua dissolução[73].

Apesar da pressa na criação de uma nova legislação e das instituições do país, a Constituição não pôde substituir todas as práticas coloniais de origem portuguesa[74]. Assim, mantendo-se as relações entre a igreja

[73] A Assembleia-Geral, Constituinte e Legislativa do Império do Brasil iniciou seus trabalhos em 3 de maio de 1823, encarregada de elaborar um projeto de Constituição. O dissenso entre os deputados das províncias foi um dos pretextos para o fechamento da Casa, em 12 de novembro de 1823, culminando na outorga da Carta de 1824.

[74] Segundo José Reinaldo de Lima Lopes "a transição de um direito colonial para um direito nacional é um misto bastante particular de ruptura e continuidade". "Iluminismo e jusna-

e a monarquia existentes desde a colônia, adotou-se o modelo de estado confessional, permanecendo o catolicismo como religião oficial.

No entanto, essa permanência deve ser vista sob a égide do Direito Público do século XIX, com ressalvas às interpretações que valorizam a continuidade da herança patrimonialista ibérica em detrimento da complexidade das instituições nacionais que se firmaram ao longo do século XIX, "ditado pela crise de paradigmas políticos que revolucionou o mundo ocidental desde o século XVIII"[75].

Por isso, não é despropositado notar que a visão herdada da Declaração de Direitos do Homem e do Cidadão francesa do século XVIII de que deveria o Estado acolher em seu rol de direitos a liberdade de consciência permeou todas as discussões sobre o tema da adoção do princípio da liberdade religiosa em uma sociedade de católicos, durante o frustrado processo constituinte de 1823.

Mesmo diante de polêmicas de que a aceitação de outras religiões poderia por em jogo a estabilidade do incipiente Império ou, ainda, criar um mosaico de crenças e desfigurar a identidade do novo país, chegou a Constituinte a aprovar, por maioria, o §3º do artigo 7º do projeto de Constituição, incluindo entre os direitos individuais dos brasileiros a liberdade religiosa, contraditoriamente delimitada pela aprovação, dezenove dias depois, do artigo 14 que, vedando a publicidade de outros cultos, reconhecia a religião católica como religião oficial do Estado.

Os constituintes adeptos da liberdade religiosa diferenciavam-se daqueles simpáticos à sua delimitação por uma ideia comum de que assuntos de crença deveriam ser separados da alçada política.[76] No entanto, "ambos os lados continuavam a ver na religião o fundamento moral da

turalismo no ideário dos juristas da primeira metade do século XIX". *In* Istvan Jancso (org.) *Brasil: formação do Estado e da Nação.* São Paulo-Ijuí: Hucitec, 2003, p. 200.

[75] Andréa Slemian. *Sob o império das leis. Constituição e unidade nacional na formação do Brasil.* São Paulo: Hucitec, 2009, p. 304.

[76] Para a discussão acerca da liberdade religiosa durante a Constituinte consultamos os seguintes artigos, elencados segundo a ordem de completude com que abordam o tema aqui abordado: o Guilherme Pereira das Neves "A Religião do Império e a Igreja" in Grinberg, Keila e Salles, Ricardo (Org.) *O Brasil Imperial. Volume I 1808-1831.* Rio de Janeiro: Civilização Brasileira, 2009, pp. 379-428; o de Gilson Ciarallo, "O tema da liberdade religiosa na política brasileira do século XIX: uma via para a compreensão da secularização da esfera política". *Revista de Sociologia e Política.* Curitiba, vol. 19, n. 38, pp. 85-99, fev. 2011, disponível em www.scielo.br, acesso em 06/04/2011; e o de Fábio Carvalho Leite, "O laicismo e outros exageros

sociedade"[77], tanto que entre os adeptos da liberdade religiosa não foi cogitada a adoção de um "muro de separação" à semelhança do constitucionalismo norte-americano.

Embora ainda mereça um estudo aprofundado a respeito da relação entre estado confessional e liberdade religiosa — idéias repelidas por equívoco ou pela falta de uma investigação sistemática sobre o assunto — curioso notar que entre os políticos brasileiros dos oitocentos essas não eram ideias que se repeliam.

O mesmo Antônio Carlos Ribeiro de Andrada, relator do projeto constituinte, que, em outubro de 1823, visando a assegurar no texto da constituição a liberdade religiosa, sustentou na tribuna que os assuntos de crença estavam fora do alcance político, também pediu, no mesmo mês, a palavra para que o bispo de Mariana fosse ouvido a respeito da divisão e freguesia de São João del Rei. No início do Império, a ideia da liberdade para que se professassem publicamente outros cultos não era vista como incompatível com a manutenção e a organização pelo governo da estrutura eclesiástica católica.

Ao analisar os discursos dos deputados na Assembleia-Geral, Constituinte e Legislativa do Império do Brasil, Guilherme Pereira das Neves chama a atenção para o fato de que

> Não são os interesses privados, ao privilegiar uma religião ou outra, que aqui mais chamam a atenção, apesar de aguçada nos dias atuais, pelos acontecimentos; mas sim a preocupação dos deputados em reorganizar a geografia eclesiástica do novo país, como se tratasse de assunto que cabia ao governo e, não à Igreja. Indiferenciação essa, aliás, que transparecia do próprio termo freguesia, que tanto designava, na época, a circunscrição religiosa quanto a civil.[78].

Após o fechamento Assembleia Constituinte, prevaleceu no texto da Carta outorgada a ideia defendida pelo redator João Severiano Maciel da Costa, também parlamentar constituinte, que sustentou durante os debates de 1823 o perigo de se enunciar a liberdade religiosa e a ameaça

sobre a primeira república no Brasil", *Religião e Sociedade,* Rio de Janeiro, 31 (1) : 32-60, 2011, também disponível em www.scielo.br, acesso em 16 de julho de 2012.

[77] Guilherme Pereira das Neves, op. cit. p. 388.

[78] Op. cit. p. 387.

que traria à estabilidade do Império. Apesar de menos garantista que a proposta de Antônio Carlos Ribeiro de Andrada, uma vez que as religiões não católicas seriam permitidas com o seu culto doméstico ou particular, em casas para isso destinadas, sem forma alguma exterior de templo, o documento político outorgado não destoou completamente do projeto debatido na constituinte e correspondia ao constitucionalismo moderno voltado para a regulação dos poderes do Estado e disciplina dos direitos individuais em uma lei fundamental.

No que diz respeito ao rol de direitos, o disposto no artigo 179, § 5º, da Constituição, prescreveu que ninguém poderia ser perseguido por motivo de religião, desde que respeitasse a do Estado e não ofendesse a moral pública. O artigo 6º estabeleceu quem seriam cidadãos brasileiros e, entre eles, figuravam "os estrangeiros naturalizados, qualquer que seja a sua religião" (inciso V). Ainda relacionado ao exercício da cidadania, a Constituição garantiu aos que não professavam a religião do Estado o direito ao voto nas eleições primárias (artigo 91, inciso III).

Visando a resguardar os dispositivos da Constituição que cuidavam do aspecto confessional do Estado, ou seja, de suas relações com a Igreja, o Código Criminal do Império de 1830, ao mesmo tempo em que protegia a religião oficial do Estado, punindo aqueles que abusassem ou zombassem da religião católica por meio de impressos ou discursos públicos (artigo 277), também afirmava a liberdade religiosa entre os bens jurídicos que tutelava, ao prever pena àquele que perseguisse, por motivo de religião, quem respeitasse a do Estado e não ofendesse a moral pública (artigo 191).

Contudo, sem destoar do pensamento político da época em que outorgada, a Constituição ainda impunha limites ao exercício dos direitos políticos em função da religião adotada. Não se pode esquecer, por exemplo, da necessidade de professar a religião católica para quem quisesse se candidatar a um cargo representativo de deputado (artigo 95, III). O artigo 141 da Constituição do Império também estabelecia o dever dos Conselheiros de Estado de prestar o juramento de manter a religião católica apostólica romana antes de tomarem posse.

No nível infraconstitucional, os Estatutos das Faculdades exigiam o juramento católico e o casamento entre não católicos ainda era tido por inexistente. As restrições, no entanto, refletem a sociedade brasileira, majoritariamente católica, do começo do século XIX, ainda com pouco contato com imigrantes protestantes, mas não diminuem o perfil liberal do Império.

Considerados somente os textos de lei, tem-se a impressão de que para o não católico era possível estar bem com a sua consciência, desde que não precisasse alegá-la como escusa. Talvez fosse essa a realidade na primeira metade do século XIX, porém, não se pode desconsiderar que as relações entre a igreja e o Estado não permaneceram estanques até a questão religiosa ou até mesmo até a República, quando finalmente adotado pela Constituição o modelo de separação, mas foram reavaliadas com o aumento significativo do fluxo de imigrantes não católicos, os quais, na segunda metade do século, aportavam para substituir a mão-de-obra escrava.

Também não se pode esquecer o desgaste provocado no sistema do padroado adotado pela Constituição em razão da exacerbação do ultramontanismo pela doutrina católica do pontificado de Gregório XVI (1831-1846), retomada sob Pio IX (1846-1878), a qual pregava o esforço pela preponderância da autoridade espiritual do papa sobre a lei civil e centrava fogo contra institutos caros à laicização da vida, como a liberdade de crença, de consciência e a soberania popular, em foco em meados do século XIX pela força das revoluções liberais e socialistas que correram a Europa.

Essa mudança na sociedade fez com que os juristas pensassem, a partir de casos que lhe eram submetidos ou de eventos do cenário político, na forma como melhor deveriam ser interpretadas as relações entre o Estado e a Igreja e as restrições sobre a liberdade religiosa. A partir da análise das alterações legislativas e das consultas realizadas pelo Conselho de Estado, pretendo mais adiante demonstrar que a elite política estava mais preocupada em buscar uma forma de regulação mais adequada às mudanças em uma sociedade de católicos do que intencionada na adoção de um modelo de Estado laico, como veio a ocorrer na república, por uma necessidade de quebra dos paradigmas que remetiam à monarquia.

2.2. A Constituição e o sistema do padroado

Assegurando a liberdade de outros cultos que não o católico, com a condição de que não possuíssem forma exterior de templo, a Constituição do Império conservou o padroado, sistema com origens em bulas papais do século XVI, segundo o qual a Coroa Portuguesa seria a protetora da Igreja Católica e cumpriria uma missão evangelizadora nas terras descobertas, com a obrigação de construir e manter os prédios das igrejas e remunerar o clero, fornecendo os meios materiais para o desenvolvimento do trabalho evangelizador.

Por outro lado, os monarcas tinham o direito de arrecadar os dízimos, de modo que as contribuições dos fiéis à Igreja passavam a ter natureza de imposto administrado pela Coroa, que depois os redistribuía conforme critérios políticos[79]. Pelo sistema do padroado herdado de Portugal, também era o poder civil, e não o eclesiástico, quem criava dioceses e paróquias, nomeando os clérigos para nelas atuarem.

Embora o ideal de união entre Estado e Igreja fosse ao encontro dos interesses da Santa Sé, não pode ser ignorada a tensão existente entre eles como decorrência do sistema adotado pela Constituição do Império que, na expressão de Roque Spencer M. de Barros, "contrabalançava o privilégio com a desconfiança"[80]. Isso porque, ainda nos termos do seu artigo 102, §2º, cabia ao Imperador o poder de nomear bispos, prover os benefícios eclesiásticos[81], além de, pela competência atribuída pelo § 14, do mesmo artigo 102, conceder ou negar beneplácito aos decretos dos concílios, letras apostólicas e quaisquer outras constituições eclesiásticas não conflitantes com a Carta Política, deixando bem claro o que valia mais, com prejuízo à autonomia da Igreja.

No que diz respeito ao artigo 102, §2º, da Constituição, na forma por ela regulada e pelas Leis do Império, os clérigos eram considerados servidores públicos e reforçavam a administração pública na vastidão territorial do país. Teixeira de Freitas, ao "acomodar" ao foro do Brasil, na década de 1870, as *Primeiras linhas sobre o processo civil*, escritas pelo advogado português Joaquim José Caetano Pereira e Souza, em nota à impe-

[79] Segundo Evandro Faustino, "os critérios para essa redistribuição eram evidentemente afetados pelos interesses políticos, pois o padroado os unia aos religiosos". *O renitente catolicismo popular*. Tese de Doutorado, Departamento de História, FFLCH-USP, 1996, p. 100.

[80] Roque Spencer M. de Barros. "Vida religiosa". *In* Sérgio Buarque de Holanda. *O Brasil monárquico, v. 6: declínio e queda do império*. Rio de Janeiro: Bertrand Brasil, 2004, p. 372.

[81] Os benefícios eram providos segundo a lei de 28 de setembro de 1828 (art. 2º, §11), que manteve o sistema estabelecido no alvará de 14 de abril de 1781.

nhorabilidade dos benefícios e patrimônios eclesiásticos, esclarecia que os párocos eram considerados empregados públicos:

> Reuni estas duas classes de bens porque os benefícios e patrimônios eclesiásticos tinham o fim comum de acudir com seus rendimentos à côngrua e honesta sustentação dos Ordenados em Ordens Sacras. Há hoje esta diferença entre eles, que os Patrimônios são de instituição meramente particular, ao passo que só ao Governo (Const. do Imp. Art. 102 § II) compete prover os benefícios eclesiásticos; de modo que os rendimentos destes são vencimentos de Empregados Públicos, que não podem ser absolutamente penhorados. Coerentemente os Avisos de 4 de junho de 1832 e de 24 de agosto de 1859 declararão que os párocos são Empregados Públicos[82]

A execução deste dispositivo constitucional não foi tranquila nem para o Brasil nem para a Santa Sé, rendendo intensas discussões políticas durante a sua vigência porque ambas as partes se comportavam como violadas em sua soberania. No plano do direito internacional, foi a Bula Papal *Praeclara Portugalie,* de maio de 1827, que concedeu ao Imperador do Brasil os mesmos poderes que detinham os reis portugueses, porém, durante a sua discussão na Câmara dos Deputados, a aprovação da bula foi rejeitada porque entenderam os deputados que os direitos concedidos por ela já eram inerentes aos poderes conferidos ao Imperador pela Constituição.

Guilherme Pereira das Neves narra um desgaste nas relações diplomáticas entre a Santa Sé e o Brasil, fragilizadas durante a instabilidade política do período regencial por conta da aplicação deste dispositivo constitucional. Trata-se do caso em que a Regência, em janeiro de 1833, em nome do Imperador, nomeou Antonio Maria de Moura para assumir a função de bispo na Corte.

Além de ordenado padre, Moura era, desde 1829, professor de direito eclesiástico na Faculdade de Direito de São Paulo, criada dois anos antes. Chegou a ser diretor da Faculdade, mas deixou mesmo a sua marca pelos projetos que apresentara como deputado por Minas entre

[82] Joaquim José Caetano Pereira e Souza. *Primeiras linhas sobre o processo civil*: acommodadas ao fôro do Brazil até o ano de 1877 por Augusto Teixeira de Freitas, Rio de Janeiro: Typografia Perseverança. Tomo III,1979, pp. 31-32

1830 e 1837, período em que integrou a comissão eclesiástica da Câmara e apresentou, logo no início da legislatura, um projeto para alterar a disciplina dos casamentos, no Brasil ainda regida pelas *Constituições Primeiras do Arcebispado da Bahia*, que recepcionaram as regras do Concílio de Trento.

Como a sua proposta de regulação dos matrimônios previa a possibilidade de divórcio nas hipóteses de adultério, transferia o poder dos bispos aos juízes de paz para dispensa dos impedimentos matrimoniais e, na vanguarda dos estados confessionais do século XIX, regulamentava o casamento entre católicos e protestantes, seus atos como homem público pesaram para que sua indicação para homem da igreja fosse recusada pelo Sumo Pontífice, abrindo uma crise diplomática que, por quase seis anos, marcou relações entre a Santa Sé e a Regência, já desgastadas pela instabilidade política do período. A recusa era vista como uma afronta à soberania do Brasil e a legitimidade do Governo de então[83].

A crise só findou quando, em outubro de 1839, em carta ao Ministro da Justiça, Antônio Maria de Moura renunciou à indicação para o bispado do Rio de Janeiro. Para a vaga, a Regência indicou Manuel do Monte Rodrigues de Araújo que, por ter uma orientação canônica bem diversa daquele que nem chegou a ser o seu antecessor, foi imediatamente confirmado pela Santa Sé.

Outro dispositivo constitucional, o artigo 102, §14, também contribuiu para o desgaste das relações entre Estado e a Igreja. Ele garantia ao Imperador o direito de intervir nos negócios eclesiásticos, na medida em que todas as determinações vindas de Roma dependiam da chancela Imperial para vigorarem no país. O Império, não se furtando ao fomento da religião católica, cobrava seu preço.

Importante notar que ambos os parágrafos do artigo 102 garantiam poderes ao Governo central na ordem externa, regulando as relações entre duas pessoas jurídicas de direito público, a Santa Sé e o Império do Brasil. Dessas competências constitucionais emanava todo o entendimento que garantia a preponderância do poder civil do Imperador sobre o poder eclesiástico representado pelo Papa.

Uma consulta da Seção de Justiça do Conselho de Estado de 29 de novembro de 1848 delineia o conteúdo emanado da norma constitu-

[83] Para as nuances da crise diplomática, ver Guilherme Pereira das Neves. Op. Cit. 407-414.

cional. Por iniciativa do Imperador, os Conselheiros Honório Hermeto Carneiro Leão, Caetano Maria Lopes Gama e Antonio Paulino Limpo de Abreu, que substituíra Bernardo Pereira de Vasconcellos, emitiram parecer a respeito da concessão ou não de beneplácito à Bula em que Piu IX institui o Bispado de São Pedro do Rio Grande do Sul.

O artigo quarto dessa Bula concedia ao Imperador e aos seus sucessores o direito de apresentação dos eclesiásticos e, nesta parte, foi aceita com a ressalva de que isto era "uma regalia da Coroa Imperial, independente de qualquer concessão pontifícia". Neste ponto, a opinião prolatada pelos conselheiros confirmava anterior parecer do Procurador da Coroa, do qual pode ser destacado o seguinte trecho:

> À Coroa compete em toda a plenitude o Direito do Padroado, como está reconhecido pela Constituição do Estado no Art. 102 § 2º e como pelos próprios genuínos princípios do Direito Canônico lhe pertence sem dúvida alguma, visto que todos os Bispados e Igrejas do Brasil tem sido criadas e mantidas á custa da Nação e de bens seculares.
>
> Não dependia, portanto, o pleno exercício deste Direito da concessão de uma nova faculdade expressamente outorgada. Deste direito sempre usaram os Senhores Reis de Portugal independentemente das concessões feitas em razão do Grão Mestrado da Ordem de Cristo, e dele igualmente tem usado os Senhores Imperadores do Brasil sem míngua ou quebra.[84]

Estava claro o poder de influenciar nos assuntos de ordem temporal, ainda que à custa de insegurança nas relações diplomáticas entre o Brasil e a Santa Sé. Como nação católica assumida, ao Brasil ainda não tinha sido assegurado o direito de influenciar na ordem eclesiástica, pois não possuía prerrogativa, como as demais nações católicas da Europa, de apresentar ao sumo pontífice candidatos ao cardinalato. Essa questão, que garantiria ao Brasil influenciar na escolha do futuro Papa, remontava ao final do governo de D. Pedro I. Quando o Pedro II, em 1847, submeteu a dúvida à Seção de Justiça do Conselho de Estado, a fim de que esta emitisse seu parecer sobre o direito do Brasil contar com um Cardeal em Roma, reavivou-se a discussão.

[84] Caroatá. Op. Cit, p. 126.

Embora não houvesse nenhum documento escrito ou acordo formal entre Roma e o Império do Brasil reconhecendo o direito do Imperador nomear um Cardeal, havia registros de que o Papa tivesse assentido verbalmente com tal prerrogativa à legação brasileira em Roma, chefiada por Monsenhor Vidigal, que transmitiu a anuência papal ao Ministro dos Negócios Estrangeiros Miguel Calmon Du Pin e Almeida, o qual enviou ofício ao chefe da legação explicando que o Imperador pretendia valer-se da prerrogativa, mas por problemas orçamentários o Cardeal não seria nomeado naquela oportunidade. Em 6 de março de 1847, a Seção entendeu que não havia reconhecimento escrito do direito de o Brasil nomear um Cardeal e que a prerrogativa deveria ser novamente negociada pela Legação brasileira em Roma e exercida quando, por razão de economia, fosse conveniente.

O mais interessante nessa consulta, da qual ainda participou Bernardo Pereira de Vasconcellos, ao lado de Honório Hermeto Carneiro Leão e Caetano Maria Lopes Gama, foi o fato de os Conselheiros tentarem demover do Imperador a ideia aduzindo que

> O direito de nomear Cardeais de que gozam alguns Soberanos Católicos da Europa não pode ter para a Coroa do Brasil a mesma importância que ai se lhe atribui porquanto sendo essa importância derivada da influência que os mesmos Soberanos podem exercer na nomeação do Sumo Pontífice por meio dos Cardeais que tiverem nomeado, essa influência dificilmente pode caber à Corte Brasileira, já pela grande distância em que se acha da Corte de Roma, distancia que impossibilitará aos Cardeais Brasileiros de concorrerem a tempo para a mencionada eleição, já pela preponderância que necessariamente deverão ter sobre o Cardeal Brasileiro os das Cortes mais poderosas da Europa[85].

A questão de direito externo foi encerrada; só na República o Brasil passaria a contar com um Cardeal em Roma, quando, em 1905, Joaquim Arcoverde de Albuquerque Cavalcanti foi investido por Pio X na função de Cardeal para o Brasil e América Latina.

Além do texto original da Constituição do Império, o Ato Adicional que reformou o texto político durante o período regencial previa as

[85] Caroatá. Op. Cit. p. 110.

competências do poder temporal frente à Igreja, mas agora as atribuições reguladas garantiam competências às Assembleias Provinciais, expressão dos poderes locais. Com efeito, o artigo 10, §1º, da Lei de 12 de agosto de 1834, conferiu aos legislativos provinciais o poder de legislar sobre divisas civil, jurisdicional e eclesiástica.

Por sua vez o § 10 do artigo 10 do Ato Adicional autorizou as Assembleias Provinciais a legislarem sobre Conventos, mas a Seção de Justiça do Conselho, ao fixar o alcance da norma, entendeu que nessa autorização não estava compreendida a competência para o seu estabelecimento, porque para essa finalidade era necessária a edição de Letras Apostólicas pela organização religiosa, as quais, para serem requeridas à Santa Sé, e depois executadas, dependiam de licença e do beneplácito imperial.

Quanto à criação, divisão e extinção de paróquias, entendidas estas como medidas territoriais de natureza administrativa onde a Igreja ou ordem eclesiástica já instalada deveria funcionar, a incumbência caberia às Assembleias provinciais no âmbito da autonomia conferida pelo Ato Adicional (artigo 10, §1º), uma vez que o objeto em discussão, a extensão territorial da igreja, que era de suma importância na organização política do território, não envolvia relação de duas pessoas de direito público externo a ensejar o beneplácito imperial sobre a autoridade da Santa Sé.

Importante frisar que esse critério de repartição de competência administrativa valia também para o poder civil. Note-se que a origem de muitas cidades brasileiras confunde-se com a data de fundação da paróquia, cujo sinônimo é freguesia, termo originário do espanhol *feligrés*, filhos da igreja.

Como exemplo, veja-se a criação da freguesia de São João da Boa Vista, na província de São Paulo, cujas discussões em torno do território que abrangia chegaram ao Conselho de Estado. A extensa freguesia de Mogi-Guaçu em São Paulo divisava com a freguesia de Caldas, na Província de Minas, quando foi desmembrada, dando origem à freguesia de São João da Boa Vista. Um povoado de uma Fazenda localizado entre a recém-criada freguesia paulista e a freguesia mineira, mas sob a jurisdição civil e com alistamento na guarda nacional desta, foi atrelado à jurisdição eclesiástica da paróquia paulista pelo Bispo de São Paulo, despertando reclamações do vigário mineiro que, receando perder pagadores do dízimo, levou o caso à Assembleia de sua Província.

Provocado pelo poder legislativo local, o Presidente da Província mineira encaminhou a questão ao Governo Imperial para este resolvê-lo pelas atribuições do Moderador, uma vez que colidiam os interesses de duas províncias. A questão chegou a Seção de Justiça em março de 1856, que entendeu a resolução do Bispo Paulista desacertada por ter sido tomada sem que fossem ouvidas as autoridades civis envolvidas, em Minas e em São Paulo.

Não importava aos Conselheiros a quem aquele povoado se reportaria ou entregaria os dízimos, mas sim que ficasse claro ao Bispo envolvido na contenda a necessidade de serem ouvidas as autoridades civis a quem competiria a última palavra. Segundo a resolução, da qual foi relator Euzébio de Queiróz:

> Demais em toda a parte, e entre nós em larga escala, a divisão Paroquial tem grande alcance civil e político, e toca o absurdo querer que tudo isto fique dependendo exclusivamente da vontade dos Prelados.
>
> (...)
>
> Pode-se mesmo hoje dizer doutrina corrente a de que as divisões das Paroquias sejam decretadas pelo Poder Legislativo, precedendo consulta, do Diocesano; assim acabou na Corte de proceder o Poder Legislativo, quando pelo Decreto de 18 de Setembro de 1854 se formou a Freguesia de Santo Antônio de fragmentos de outras.
>
> (...)
>
> Assim é a Secção de parecer que seja convidado o Bispo de S. Paulo a solicitar o acordo e aprovação dos Poderes competentes para a divisão que lhe parecer mais conveniente, abstendo-se por enquanto de suscitar um conflito, que estaria pouco de acordo com os interesses da Religião, únicos pelos quais certamente se dirige o Reverendo Prelado[86].

Do aqui exposto é possível concluir, com apoio em César Trípoli, que apesar da Carta ter sido outorgada "em nome da santíssima trindade" e do esforço em manter a religião católica, "o poder civil procedia de molde a poder firmar, decidida e definitivamente, a sua supremacia sobre o poder eclesiástico[87]". Ao longo de todo o período monárquico, mesmo com

[86] Caroatá. Op. Cit. p. 598.

[87] César Trípoli. *História do Direito Brasileiro. Época Imperial.* V. II. 1º Tomo. São Paulo: Ed. Particular. 1947, p. 246.

a participação intensa dos membros da igreja nas ações sociais e na vida pública, as instituições, ainda que timidamente, foram moldadas pelo ordenamento editado de maneira secularizada, provocando desgastes com o poder eclesiástico, o que demandou a intervenção do Governo Imperial, secundado pelas opiniões do Conselho de Estado, onde se concentrava boa parte do debate jurídico no Império e de onde emanavam as orientações jurídicas sobre os mais variados assuntos, com já se pôde perceber das referências feitas acima.

2.3. O Conselho de Estado na cultura jurídica no Brasil do Século XIX

Em 1873, a Revista Jurídica *O Direito* publicava a sentença do juiz da comarca de São Joaquim da Barra julgando procedente ação penal contra o padre daquela freguesia, por se ausentar reiteradas vezes de sua paróquia sem prévia licença do seu legítimo superior. No fundamento da sentença, o magistrado citava o entendimento do Conselho de Estado, consubstanciado em aviso ministerial, no sentido de que os eclesiásticos, segundo o artigo 102, §2º, da Constituição do Império, eram equiparados aos empregados públicos[88].

A citação do entendimento do Conselho de Estado por um magistrado deixa clara a importância das consultas elaboradas pela instituição, citadas pelo Poder Judiciário como razões de decidir, desempenhando o papel de jurisprudência.

Além de opinar em questões que dissessem respeito ao Poder Moderador, o Conselho também era ouvido em controvérsias tipicamente jurisdicionais, pronunciando-se em conflitos de jurisdição entre as autoridades administrativas e entre estas e as judiciais, opinando, ainda, sobre abusos das autoridades eclesiásticas, chegados até o Conselho pela via do recurso à Coroa, utilizado para garantir que a competência do poder secular não fosse usurpada. O órgão também era chamado a dar instruções para a boa execução das leis e a emitir parecer sobre projetos de lei de iniciativa do executivo.

As dúvidas a respeito de como deveriam as leis ser executadas, ou como a Constituição deveria ser interpretada, chegavam ao Conselho

[88] *O Direito; revista de legislação doutrina e jurisprudência,* Anno1 (1873), pp. 336-343.

de Estado das mais variadas formas, desde uma simples petição de qualquer um do povo até uma consulta formal de um juiz. Desempenhado esse papel, o Conselho garantia a aplicação uniforme das leis. Acreditava-se à época que os juízes simplesmente declaravam a lei aplicável ao caso concreto, sem criar ou inovar, respeitando-se, em regra, os avisos ministeriais oriundos das consultas feitas ao Conselho.

Na renovada História do Direito, José Reinaldo de Lima Lopes, na obra *O oráculo de Delfos* — como era alcunhado o Conselho do Estado por Nabuco de Araújo em alusão à mitologia grega —, demonstra como o órgão do Império, na ausência de um sistema judiciário em que o órgão de cúpula orientasse o julgamento de casos das instâncias inferiores pela edição de precedentes, fez com que o Conselho de Estado assumisse um papel de intérprete e produtor da doutrina jurídica nacional[89].

Duas razões derivadas da organização delineada pelo Constituinte podem ser apontadas para a assunção desse papel pelo Conselho de Estado, uma de ordem política, encontrada na forma como os poderes se relacionavam; e outra, de ordem técnica, decorrente do rito estabelecido para o julgamento dos recursos de revista pelo Supremo Tribunal de Justiça do Império[90].

A razão de ordem política pode ser encontrada no relacionamento entre o Poder Executivo e o Poder Judiciário. Este Poder, embora tivesse garantias definidas na Constituição do Império, prestava contas ao Ministério da Justiça e seus juízes respondiam por crimes de responsabilidade perante o Conselho de Estado, órgão auxiliar do Poder Moderador. Este foi um dos motivos que levaram à observância, pelos Juízes, dos pareceres do Conselho, os quais, depois de resolvidos pelo Imperador,

[89] *O oráculo de Delfos*. São Paulo: Saraiva, 2010. Ver, principalmente, o capítulo II, pp. 91-185, em que o autor aborda a questão da cultura jurídica nacional e traça um perfil do Judiciário nesta época.

[90] O processo ainda não constituía um objeto autônomo de estudo. Além de definir as regras destinadas a regular o exercício do direito de ação e o desenvolvimento válido de um processo, as regras processuais tratavam também da organização do Poder Judiciário, tema caro à elite política da época em razão da possibilidade de nomeação e ocupação dos cargos de juízes e serventuários, cuja forma de provimento era definida nas leis de processo. "O processo tem um objetivo político reconhecido pelos legisladores. Ele não se desliga da própria organização da magistratura que é ao mesmo tempo um poder de Estado e um estamento social" José Reinaldo de Lima Lopes. *O direito na história: lições introdutórias*. São Paulo: Atlas, 3ª edição, p. 279.

transformavam-se em Avisos de observância obrigatória veiculados nos compêndios e revistas jurídicas.

A razão de ordem técnica da consolidação do Conselho de Estado como formador da doutrina jurídica nacional, como já se adiantou, residia no modo como o órgão de cúpula do Poder Judiciário deveria se desincumbir do julgamento dos recursos de revista a ele submetidos.

A Constituição do Império, em seu artigo 164, §1º, instituía no país um Supremo Tribunal de Justiça estabelecendo, dentre suas competências, o poder de *"conceder e denegar revistas nas causas e pela maneira que a Lei determinar"*. Em 18 de setembro de 1828, esta Lei foi aprovada em meio a um projeto liberal para arquitetar as instituições nacionais[91], criando-se um órgão em substituição à Casa de Suplicação. No entanto, o regramento do recurso de revista previsto no artigo 6º desta lei distanciou-se de sua matriz lusitana. Enquanto o recurso de revista luso transformou-se na expressão da centralização do poder e do absolutismo real após as reformas promovidas por Pombal, no reinado de D. José, o modelo brasileiro, no âmbito do Poder Judiciário, dava mais força aos julgamentos realizados nas Relações das Províncias[92].

Originalmente o recurso de revista foi previsto no artigo 6º da Lei de 18 de setembro de 1828 para os casos em que as decisões civis e criminais de última instância contivessem nulidade manifesta ou injustiça notória. Com o fluxo de capital desviado do tráfico de escravos, a partir da segunda metade do século, a atividade econômica do país tornara-se mais complexa, mais volumosa, e o emaranhado de leis já não dava conta de auxiliar o aplicador de resolver com tranquilidade as relações da sociedade civil. Na esteira dessas mudanças, em 25 de novembro de 1850,

[91] A influência liberal na alteração legislativa foi notada por José Rogério Cruz e Tucci que observou: "Acerca do recurso de revista, do mesmo modo que na legislação portuguesa, o idealismo liberal exerceria flagrante influência em nossas leis. Por isso é que logo em 18 de setembro de 1828, por uma carta de lei é instituído o Supremo Tribunal de Justiça." *Da Supplicatio ao agravo ordinário (contribuição para a história dos recursos cíveis.* São Paulo. Dissertação de Mestrado: FADUSP, 1985. 282.

[92] Desde a independência até 1973 existiram no Império apenas quatro Relações. A da Corte, no Rio de Janeiro, e a de Salvador, criadas ainda no período colonial. Depois com a vinda da família real foram criadas mais duas, no Maranhão e em Pernambuco. Visando adequar o poder judiciário às mudanças sociais e ao crescimento econômico e populacional foram criadas em 1873 mais sete Relações, em São Paulo, Rio Grande do Sul, Minas Gerais, Goiás, Mato Grosso, Pará e Ceará.

foi promulgado o Regulamento 737, que, concebido para disciplinar o processo das causas de natureza comercial, organizou e sistematizou o processo de um modo geral. Neste diploma foi restringida a possibilidade de ajuizamento de revista por injustiça notória, mantendo-se, contudo, como meio de impugnação para os casos de nulidade do processo ou da sentença (art. 667)[93].

Eram as Relações revisoras que detinham competência para o julgamento das questões submetidas a julgamento cuja decisão fosse anulada pelo Supremo Tribunal de Justiça em sede de revista. Isto porque, interposta a revista contra a decisão dada por uma das Relações do Império, o Supremo, concluindo pela violação da lei, sem adentrar ao "fundo da causa", cassava a decisão da Relação com as razões pelas quais julgou a lei violada, remetendo a causa a outra Relação para que fosse definitivamente julgada.

Essa forma de processamento gerou instabilidade, proporcionando, ainda, a falta de uniformidade na "praxe forense", fazendo com que, aos poucos, como demonstrou José Reinaldo de Lima Lopes, o papel da interpretação das leis nos casos concretos fosse assumido por outra instituição do Governo Imperial, o Conselho de Estado, órgão auxiliar do Poder Moderador.

Vê-se, portanto, que o sistema adotado não permitia ao Supremo adentrar ao mérito causa. A decisão, mesmo tendo sido cassada, deveria retornar à segunda instância para ser proferida nova decisão por outra Relação, denominada revisora, diferente daquela que teve o seu julgado cassado. Todavia, a nova decisão poderia ser dada no mesmo sentido da primeira, criando-se uma desorganização no sistema de precedentes judiciais notada por juristas do XIX dedicados ao estudo do processo e ao aperfeiçoamento e estabilidade das relações jurídicas.

Não foi por outra razão que, em 1865, Perdigão Malheiro, presidente do Instituto dos Advogados do Brasil enviou ao Parlamento um projeto de organização da Ordem dos Advogados do Império, abordando questões com a finalidade de por ordem no foro. O pano de fundo de suas

[93] Segundo o artigo 680 do Regulamento 737 a sentença seria declarada nula se fosse dada por juiz incompetente, suspeito, peitado e subornado; se fosse proferida contra expressa disposição da lei, fundada em instrumento falso ou dada em processo nulo, caracterizado pela falta de citação, pela existência de sentença anterior prolatada em outro processo ou, ainda, quando da qual não contivesse o voto de juiz que devesse votar.

propostas e, principalmente, das reclamações que as acompanhavam, realçavam a ausência de um código de leis e do processo civil que garantissem unidade aos usos e interpretações do Direito no país[94].

Alguns anos antes de Perdigão Malheiro, em 1847, o membro do Instituto dos Advogados do Brasil, Francisco Ignácio de Carvalho Moreira, oferecendo projeto de reestruturação do Supremo Tribunal de Justiça, notara a fraqueza do órgão máximo da justiça do Império causada pelos limitados efeitos de suas decisões. Segundo ele o Tribunal cassava, mas não resolvia e era incapaz de fazer o bem que desejava. Em outras palavras, estava de mãos atadas[95].

A partir de 1860, mesmo adversários políticos, como o liberal Nabuco de Araújo, de cuja pena foi originado o regulamento dos Tribunais do Comércio, e o conservador Cândido Mendes de Almeida, falando como senador, estavam de acordo quando o assunto era a instabilidade jurídica decorrente da ausência de jurisprudência causada pelo fato de poderem as Relações revisoras julgar de maneira contrária à jurisprudência do Supremo.

Sobre este tema, José Reinaldo de Lima Lopes observou que:

> Uma afirmação corrente entre alguns dos autores mais importantes do Segundo Reinado insistia na inexistência de uma jurisprudência nacional e, consequentemente, na existência de orientação dos Tribunais. Essa orientação chamava-se ainda normalmente de *doutrina* visto que pela análise do caso concreto o tribunal ou autoridade fixava um entendimento da regra geral. Nabuco de Araújo e Candido Mendes de Almeida, durante os debates sobre a reforma judiciária de 1871 expressavam exatamente essa ideia de ausência de jurisprudência. O Supremo Tribunal de Justiça nos seus 43 anos de existência, diziam ambos de forma um pouco diferente, fora incapaz de fixar a doutrina nacional ou a jurisprudência orientadora[96].

[94] Conforme Eduardo Spiller Pena, *Os pajens da casa imperial*, Campinas: Editora Unicamp, 2005, p. 47.

[95] Cf. Moacir Lobo da Costa, *A revogação da sentença*, São Paulo: Edusp, 1995, op. cit, p. 246.

[96] "Consultas da Seção de Justiça do Conselho de Estado (1842-1889). A formação da cultura jurídica brasileira" *almanack brasiliense* n. 5 (maio de 2007), p. 5 disponível em www.almanack.usp.br . A respeito do tema consultei também o trabalho precursor de Beatriz Westin de Cerqueira Leite. "A reforma judiciária de 1871 e sua discussão no senado do

O projeto de reforma judiciária proposta inicialmente dentro do programa de governo elaborado pelo Senador Nabuco de Araújo foi substituído pelo projeto conservador do então Ministro da Justiça Sayão Lobato, o qual foi aprovado sob críticas liberais. A reforma de 1871, embora tenha nascido do anseio de desconstruir o modelo de justiça conservador implantado em 1841, com a reforma do Código de Processo Penal, foi concebida em um momento de mudança social e de crise da coalizão política que sustentava o segundo reinado.

O anseio de Nabuco de Araújo era solucionar a falta de uniformidade na jurisprudência e a necessidade de disciplinar o recrutamento e as incompatibilidades dos juízes. Sua crítica centrava fogo na possibilidade, prevista pelo sistema processual, de o Supremo Tribunal do Império julgar de uma maneira e as relações revisoras de outro.

Todavia, sua opinião não era unânime e dela dissentiam homens de peso no cenário jurídico nacional. Pimenta Bueno, Conselheiro de Estado, dedica ao tema do recurso de revista várias páginas de sua obra *Direito público brasileiro e análise da Constituição do Império*, publicada em 1857. Permeia a obra, formadora de grande parte dos juristas da segunda metade do século XIX[97], a ideia de que a injustiça contra a parte, perpetrada sem violação da lei, embora fosse um mal, deveria ficar a cargo das duas instâncias encarregadas do julgamento da causa, os juízes de primeiro grau e os Tribunais da Relação, revelando seu posicionamento lastreado no artigo 158 da Constituição de que a segunda também seria a última instância. Segundo o autor:

> De um lado convém que prevaleçam em toda a sua plenitude para que o supremo tribunal possa desempenhar bem a sua alta missão, para que seja no todo e sempre imparcial, esteja sempre acima dos interesses, afeições e ódios particulares, estranho aos indivíduos, a tudo que não for a lei e só a lei. De outro lado não escapará por certo a nenhum governo ou sociedade esclarecida o grande perigo que houvera de dar-lhe o direito de conhecer do fundo dos negócios ou questões individuais; seria um

Império" *História*, São Paulo, I, em que a autora analisa as discussões havidas no Senado do Império.

97 Para Moacir Lobo da Costa Pimenta Bueno "durante o Império, foi roteiro seguro e guia insuperável dos advogados, e valeu aos tribunais como orientação para decidir do cabimento do recurso de revista, como atestam as revistas de jurisprudência da época". Op. Cit. p. 255.

> poder imenso e concentrado que o constituiria senhor absoluto dos juízes e das formas e direitos dos particulares. Em suma é preciso impor fim aos litígios, termina-los na segunda instância e ressalvar somente a tese da lei em geral[98].

Por fim, a reforma proposta seria aprovada, mas a legislação processual não seria alterada com relação ao recurso de revista. No entanto, permaneceria na comunidade jurídica o desejo de uma solução para a ausência de uniformidade nos julgamentos. A importância da reforma de 1871 não está naquilo que ela criou, mas sim naquilo que ela pretendeu ser, colocando em pauta, muitas vezes pelas críticas que a ela foram feitas por seus contemporâneos, temas incorporados como desenho institucional do Poder Judiciário na república[99].

Nesse diapasão, pouco após a reforma de 1871, foi editado, com força de lei, o Decreto 2.684, de 23 de outubro de 1875[100], garantindo eficácia vinculante aos assentos editados pelo Supremo Tribunal de Justiça,

[98] José Antonio Pimenta Bueno, op. Cit, p. 362.

[99] Nesse sentido, Paulo Macedo Garcia Neto assevera que "Os efeitos da Reforma Judiciária de 1871 foram muito além das mudanças institucionais imediatas. Algumas das propostas apresentadas no decorrer dos debates que não constaram da nova legislação permaneceram no imaginário dos políticos e juristas. Desse modo mais do que apenas um momento de reforma da estrutura judiciária, a Reforma de 1871 marcou mudanças significativas na pauta do debate sobre a transformação institucional do Império" "A reforma judiciária de 1871" in Mota, Carlos Guilherme e Ferreira, Gabriela Nunes. *Os juristas na formação do Estado-Nação brasileiro. 1850-1930*. São Paulo: Saraiva, 2010, p. 165.

[100] Na esteira dessas alterações legislativas e em atendimento ao §14 do artigo 29 da Lei da Reforma Judiciária de 1871 (Lei 2033, de 20 de setembro de 1871), o Conselheiro Antonio Joaquim Ribas, depois de incumbido pelo Governo Imperial elaborou uma *Consolidação das leis do processo civil*. Nesta obra, que trazia o Decreto 2.884 como um de seus anexos, o recurso de revista vinha longamente regulamentado entre os artigos 1610 e 1666. No Decreto 2.884 previa-se "art. 2º Ao Supremo Tribunal de Justiça compete tomar assentos para a inteligência das leis civis, comerciais e criminais quando na execução delas ocorrerem dúvidas manifestadas por julgamentos divergentes havidos no mesmo Tribunal, Relações e Juízos de primeira instância nas causas que cabem na sua alçada. §1º Estes assentos serão tomados, sendo consultadas previamente as Relações. §2º Os assentos serão registrados em livro próprio, remetidos ao Governo Imperial e a cada uma das Câmaras Legislativas, numerados e incorporados à coleção das leis a cada ano; e serão obrigatórios provisoriamente até que sejam derrogados pelo Poder Legislativo. §3º Os assentos serão tomados por dois terços do número total dos Ministros do Supremo Tribunal de Justiça e não poderão mais ser revogados por esse Tribunal".

depois de ouvidas as relações a respeito do assunto tratado. Segundo o professor José Rogério Cruz e Tucci "O referido diploma, além de procurar trazer segurança jurídica para a nossa sociedade, reiterava ainda a tradição, que havia autorizado a antiga Casa da Suplicação do Brasil emitir assentos"[101]. Contudo, no panorama inaugurado no último quartel do século XIX, é possível que a intenção do governo com a edição do Decreto era menos a de resgatar uma tradição da qual o legislador de 1828 quis se desvencilhar do que de atender às críticas parlamentares que pretendiam mudanças no cenário jurídico.

O interessante é perceber que, mesmo diante da possibilidade de edição de assentos pelo Supremo Tribunal de Justiça, o desenho institucional garantia força aos entendimentos editados pelo Conselho de Estado, tanto que, uma vez editado os assentos pelo órgão judicial, as orientações firmadas só poderiam ser revogadas ou modificadas pelo Poder Legislativo ou por outro Decreto, o que não era feito sem antes ouvir o Conselho de Estado.

2.4. Os manuais de direito público eclesiástico

Não só nas consultas do Conselho de Estado era veiculado o debate jurídico nacional, mas também nas discussões parlamentares e nos manuais aprovados pelo governo imperial para uso nas faculdades de direito do Império criadas em Olinda e São Paulo em 1827 e nos livros destinados aos operadores do direito que passaram a ganhar difusão a partir da década de 1850.

Dado que o sistema do padroado, mantido pelo Império, transformara a igreja católica "em simples braço do poder secular, em um departamento da administração leiga"[102], justificava-se a preocupação dos juristas brasileiros da segunda metade do século XIX com a regulação desse ramo do aparato burocrático. As relações entre o Estado e a Igreja tornaram-se, assim, objeto de estudo do Direito Eclesiástico, disciplina considerada ramo do Direito Público e ensinada no segundo ano dos cursos jurídicos do Império.

[101] A respeito do tema confira-se "Eficácia do precedente judicial na história do direito brasileiro", *Revista do Advogado*, 78, São Paulo: AASP, 2004, p. 43-44.

[102] Sérgio Buarque de Holanda, *Raízes do Brasil*. 12ª ed. Rio de Janeiro: José Olympio, 1978, pg. 84.

Logo no título preliminar de sua obra *Direito público brasileiro e análise da Constituição do Império*, Pimenta Bueno preocupa-se em delimitar o objeto de estudo desse ramo que "regula as relações do poder temporal com o poder espiritual *circa sacra*, relações que podem ser externas quando concernentes à Santa Sé como centro da igreja universal, ou interna quando concernentes a igreja nacional"[103], revelando o viés político sob o qual a disciplina é abordada na obra.

Os Estados Modernos, consolidados e fortalecidos no século XV e XVI, na medida em que punham fim às guerras civis religiosas, davam origem a uma legislação em matéria eclesiástica como consequência dos direitos majestáticos sobre as coisas sagradas (*iura maiestatica circa sacra*). A paz de Westfália, como ficou conhecido o conjunto de tratados internacionais que a partir de 1648 reconheceram a soberania dos Estados europeus, além de criar um sistema de direito internacional, também conferiu aos Estados a faculdade de regular as relações com a igreja. "Nasce assim o direito eclesiástico, que abarcava a pluralidade de direitos religiosos: o da Igreja Católica, os nascidos da Reforma Protestante e o elaborado pelo Estado sobre todas as confissões religiosas assentadas sobre o seu território"[104].

Até fins do século XIX, o direito eclesiástico compreendia tanto as normas emanadas da igreja quanto aquelas originadas no Estado com a finalidade de regular suas relações com o poder religioso. O conteúdo das obras jurídicas de direito eclesiástico editadas no Império ocupava-se das noções introdutórias sobre a organização interna e história da Igreja Católica, detalhando as espécies de reuniões e suas funções (Sinodos, Concílios etc) e os documentos que delas se originavam (constituições, editos etc).

Neste caso o *ius eclesiasticum* era encarado sob o aspecto privado, como o direito da Igreja Católica, correspondente ao que somente no final dos oitocentos passaria a ser denominado direito canônico[105]. Todavia, como parte do direito público do século XIX, as obras nacionais

[103] José Antônio Pimenta Bueno. *Direito público brasileiro e análise da Constituição do Império*. Rio de Janeiro: Ministério da Justiça e Negócios Interiores. Serviço de Documentação, 1958, p. 9.

[104] Antonio Martínez Blanco. *Derecho Eclesiástico del Estado*. V. 1. Madri: Tecnos, 1994, p. 57.

[105] Paolo Grossi. "Storia dela canonistica moderna e storia dela codificazione canonica" pp. 587-599. *Quaderni Fiorentini* nº 14 (1985), p. 588.

também se preocupavam em delimitar as relações da Igreja com o Estado, estabelecendo regras disciplinadoras do fenômeno religioso.

Nos oitocentos, era comum, portanto, o enfoque unitário do direito eclesiástico, contendo além de regras de direito público, lições de direito canônico, ou eclesiástico privado. No entanto, são as normas de direito público, constitutivas de deveres e liberdades, que ditavam o seu estudo nas Faculdades de Direito do Império, auxiliando na formação dos futuros componentes dos seus altos quadros administrativos e políticos. As explicações relacionadas aos interesses privados da Igreja contidas nessas obras podem revelar uma maior ou menor tendência de um autor à ideologia ultramontana, mas é certo que todos os manuais continham normas de direito público, com maior ou menor realce.

Essa tendência ideológica ultramontana pode ser encontrada, por exemplo, em Manoel do Monte Rodrigues d'Araújo, o Conde de Irajá, que, em 1857, em sua obra *Elementos de direito eclesiástico público e particular*, ao apresentar os institutos relacionados ao funcionamento interno da Igreja Católica a definiu como "uma sociedade perfeita não subordinada a nenhuma outra do seu gênero", mas que, um pouco mais a frente, ressalvou: "por outro lado, o Estado, naquilo que é temporal é soberano e independente da Igreja"[106].

Na obra, ao mesmo tempo em que se reconhecia o papel do Estado brasileiro no fomento da religião católica, defendiam-se os limites da organização eclesiástica, subordinada ao poder estatal em assuntos temporais. É no que diz respeito à tolerância religiosa que o reconhecimento do poder estatal ganha destaque frente aos poderes da igreja, cujos limites deveriam ser dados pela "Política" e que, na obra de Manoel do Monte, não poderia se confundir com tolerância teológica, cuja orientação era dada pelo poder eclesiástico:

> A tolerância civil é o ato do Príncipe, que tendo no Estado, onde há uma religião dominante, súditos de diverso culto, permite-lhes o exercício do mesmo com algumas restrições. A tolerância civil, notam os autores, tem seus graus; porque o Príncipe Católico pode tolerar sectários já existentes no Estado, o que pode ser uma necessidade; e não consentir que outros venham estabelecer-se de novo, o que seria um acréscimo de

[106] *Elementos de direito eclesiástico público e particular*. Rio de Janeiro: Gonçalves Guimarães e Cia, 1857, pp. 74-77.

> falsas seitas. Pode, outrossim, o príncipe tolerar seitas cristãs somente, excluindo-se as que não são tais como infiéis, Maometanos & c; e pode, enfim, permitir aos diversos sectários, existentes no Estado, em uma escala mais ou menos ampla, o exercício do culto religioso, e alguns direitos civis e políticos. Tudo isso pertence à Política examinar e resolver em atenção às circunstâncias do Estado, que sendo as que justificam as medidas de tolerância civil, prescrevem ao mesmo tempo as condições, com que ela se concederá. Mas nada disto tem alguma coisa com a tolerância teológica.
>
> A tolerância civil, pela nossa lei fundamental, é amplíssima: "A Religião Católica Apostólica Romana continuará a ser a religião do império. Todas as outras Religiões serão permitidas com culto doméstico ou particular, em casas para isso destinadas sem forma alguma exterior de templo" art. 5º E quanto aos direitos políticos, somente a referida lei excluiu do cargo de Deputados os que não professarem a religião do Estado (art. 95, §5º)
>
> Acham-se, demais, no Cod. Crim. Algumas disposições punindo as ofensas da Religião assim do Estado, como das toleradas (V. arts. 276, 277, 278).[107]

A tendência ideológica ultramontana também pode ser encontrada no *Compendio de direito ecclesiástico para uso das academias jurídicas do Império,* publicado em 1855 e escrito por Jerônymo Vilella de Castro Tavares. Deputado da Assembleia da Província de Pernambuco e um dos líderes da Praieira, Tavares chegou a ser preso quando ocupava o cargo de lente substituto da academia jurídica de Olinda[108], o que não retirou a sua credibilidade como jurista.

Prova disso é que menos de um ano após seu livro ter sido publicado, em uma Consulta de 2 de março de 1856, em um caso em que Euzébio de Queiróz foi relator, sua obra é citada como doutrina de direito

[107] Elementos de Direito Ecclesiástico público e particular em relação à disciplina Geral da Igreja e com aplicação aos usos da Igreja do Brasil. Rio de Janeiro: Antonio Gonçalves Guimarães & Cia, 1857, pp. 91-92.

[108] Em 19 de agosto de 1854, a Seção de Justiça do Conselho de Estado resolveu representação em que Jeônymo Vilella de Castro Tavares requeria que lhe fossem devolvidos todos os ordenados não pagos no período em que esteve preso em razão da "rebelião". Caroatá. Op. Cit, p. 481.

eclesiástico para exemplificar uma opinião sobre o cerne da questão em debate, a possibilidade de criação de paróquia pelo poder secular independentemente da aprovação do poder eclesiástico[109]. Contudo, os Conselheiros dissentiram de Tavares, muito provavelmente porque a sua opinião como autor de direito eclesiástico, confessadamente diversa daquela que defendia enquanto deputado na assembleia provincial, enfraquecia o poder civil. Em outros trechos de sua obra, não utilizados na resolução da consulta, apesar de ressaltada a independência dos poderes temporal e eclesiástico, o autor defende o papel do Estado fomentador da igreja e responsável pela propagação da fé católica:

> o governo e da igreja e o da sociedade civil não têm dependência direta um do outro, mas são ambos independentes, e soberano (...)
>
> Esta independência porém não é tão plena e absoluta, que se possa dizer, que a igreja pode passar sem o Estado, e o Estado sem a Igreja; e o Estado sem a Igreja, que se possa afirmar que o governo de ambas as sociedades não devem abraçar e prestar mútuo auxílio e apoio para desempenho de suas importantes funções[110].

Na contramão do ideal de liberdade religiosa que muitos homens de Estado defendiam em razão do aumento do contingente de imigrantes não católicos que a partir de 1850 entraram no país como uma alternativa a mão-de-obra escrava, Jeronymo Vilella não escondia o seu viés ultramontano:

> Sabendo o imperante que no estado se desenvolvem dissenções acerca da religião, é do seu dever sufocá-las no nascedouro, por isso que dessas dissenções, que são sem dúvida as mais perigosas, pode resultar a desordem e anarquia que lhe deve ocultar e prevenir (...)
>
> O imperante civil tem o direito de não tolerar os impugnadores da verdadeira religião, e de puni-los com penas civis, se os meios brandos não lhe forem suficientes, porque a religião enquanto interna é um ato de consciência, cuja liberdade é inviolável, e cujo sentimento deve ser tolerado e mesmo respeitado pelo chefe de estado; mas desde que ela se

109 Idem. pp. 593-598.

110 Jerônymo Vilella de Castro Tavares. *Compendio de direito ecclesiástico para uso das academias jurídicas do Império.*Recife: Ricardo de Freitas, 1855, p. 99.

> manifesta externamente de um modo pernicioso ao estado, fica sujeita à autoridade pública, e então o imperante, não podendo conservar-se indiferente, tem o direito de não tolerar os que impugnam a religião, em que o estado firmou a sua profissão de fé, e reconheceu como verdadeira e útil à sociedade civil[111].

Outro ultramontano ganharia espaço no meio jurídico nacional. Em 1864, o catálogo da livraria B. L. Garnier, instalada na Corte, anunciava a iminente publicação do livro de Candido Mendes de Almeida, *Direito Civil Eclesiástico Brasileiro,* ainda no prelo, em 1966. Anunciando a iminente publicação, o catálogo dava conta de que a "obra é não somente útil ao clero, mas a todos que se dedicam ao estudo da jurisprudência, com particularidade à juventude acadêmica, que tem que frequentar o curso de direito eclesiástico, em suas relações com a administração temporal do país"[112].

A veiculação do catálogo, uma maneira pela qual as editoras faziam suas obras conhecidas do público, demonstra a difusão daquele título em sua época, cuja popularidade também é confirmada por suas citações nas publicações contemporâneas. No mesmo ano em que foi publicado, na Seção de Negócios do Império, reunidos para emitir parecer sobre a intervenção da Santa Sé para definição dos limites das dioceses do Brasil, os Conselheiros Marquês de Olinda, Visconde de Sapucaí e Bernardo de Souza Franco fizeram menção à "obra de direito eclesiástico que o Dr. Cândido Mendes de Almeida acaba [va] de publicar"[113]. Com apoio nela defendiam que o governo brasileiro estava dispensado de consultar a Santa Sé sobre limites das dioceses, nos termos da constituição apostólica de 24 de abril de 1746.

A obra ganhou reedição na década de 1870, quando Mendes de Almeida, advogado já muito popular com a décima quarta edição das *Ordenações Filipinas* por ele organizada, envolveu-se na defesa do bispo

[111] Idem. pp. 264-265.

[112] O catálogo era veiculado como anexo às obras publicadas pela livraria. Foi consultado o publicado em 1864, como anexo ao primeiro tomo da *História da Fundação do Império Brazileiro,* de J.M. Pereira da Silva. Rio de Janeiro: B.L.Garnier, 1864.

[113] *Consultas do Conselho de Estado sobre negócios ecclesiásticos; compiladas por ordem de S. Ex. o Sr. Ministro do Império.* Rio de Janeiro: Typografia Nacional, 1869, p. 77.

de Olinda, D. Vital Gonçalves de Oliveira, durante a conhecida questão religiosa de 1873 debatida pelo Conselho de Estado.

No livro *Direito Civil eclesiástico brasileiro antigo e moderno e suas relações com o direito canônico,* Cândido Mendes de Almeida, sem destoar dos demais autores do Direito Eclesiástico de sua época, não esconde a sua orientação ultramontana, mas preponderam em sua obra compilações de alvarás, breves e bulas papais e uma farta documentação sobre assuntos eclesiásticos relacionada a criação de paróquias durante a colônia, prerrogativas conferidas aos Reis portugueses pela Santa Sé etc.[114]

Cabe notar que a maior parte das obras brasileiras de direito eclesiástico foi publicada entre as décadas de 1850 e 1860, justamente quando a Igreja Católica mirava contra todas as formas de governança que implicassem em liberalismo religioso e que ficaram descritos e catalogados no *Syllabus Errorum* que, como uma reação às ideologias difundidas após as convulsões sociais que abalaram a Europa, acompanhava a encíclica *Quanta Cura* de Pio IX. Os ideais do *Syllabus* encarnavam o pensamento intolerante ultramontano contra o qual setores da elite preocupados com a fundação e, depois, com o aprimoramento do Estado e de suas instituições sempre resistiram e dessas resistências, das quais a mais conhecida foi a questão religiosa de 1873, foi se formando, ao longo do século, um ordenamento secularizado.

A única obra de direito eclesiástico publicada após a questão religiosa de 1873, já nos estertores do Império, não foi escrita por um jurista, mas por um Cônego secretário no Bispado de São Paulo. A obra, escrita como um roteiro de direito canônico, não se preocupava em extremar as relações entre o poder civil e eclesiástico como as que a antecediam, salvo com relação à jurisdição do Tribunal Eclesiástico, órgão em que, na verdade, se discutia Direito Canônico. Nela o lamento pela secularização ocorrida e sentida no direito ao longo do século XIX não passa despercebida quando o autor comenta as relações entre a Igreja e a sociedade civil.

> Conquanto sejam diversos os meios para cada uma destas sociedades atingir seu fim, entretanto não pode deixar de haver alguma subordinação de uma a outra. A distinção dos poderes não significa independência

[114] *Direito Civil eclesiástico brasileiro antigo e moderno e suas relações com o direito canônico.* Rio de Janeiro: B. L. Garnier, 1868.

> absoluta. A secularização completa do poder civil é a negação da origem divina do poder. Dar ao poder social outra origem primária, que não seja Deus, é degradar a natureza humana, sujeitando-a indevidamente a um seu semelhante. Secularizar o poder é destruí-lo.
>
> Quando se pretende tudo secularizar, tem-se em mira tudo anarquizar. O espírito revolucionário é eminentemente secularizador, isto é, destruidor e subversivo de toda a ordem social. Esta palavra secularizar tem um poder fascinador em nossos dias; com ela muitos incautos têm sido iludidos[115].

A impressão do autor, homem do poder eclesiástico, é sintomática do que será visto no próximo capítulo: apesar de o Estado ter uma religião oficial e a competência constitucional de fomentá-la, ao longo de todo o século XIX a secularização do ordenamento minou dos debates jurídicos presentes nas consultas submetidas ao Conselho de Estado, na produção legislativa e nos livros destinados aos operadores do direito, sendo gerida à medida que as instituições do Império foram redesenhadas em consonância com o seu tempo.

A secularização das instituições estava presente ao longo de todo o século XIX nos debates dos juristas e não foi apenas pensada a partir da questão religiosa de 1873 ou, como algumas obras de direito constitucional positivo parecem sugerir, somente depois de lançadas pela República as bases constitucionais para a separação entre o Estado e a Igreja.

2.5. A resistência do Estado ao ultramontanismo

Utilizado desde o século XI para descrever a atitude dos cristãos que defendiam as políticas dos papas, apoiando as ideias originárias de Roma, localizada "do outro lado da montanha", o ultramontanismo reapareceu no século XIX para designar um conjunto de ideias e atitudes do lado conservador da Igreja Católica e sua reação aos excessos da revolução francesa. Essas ideias culminaram em 1864 com a encíclica *Quanta Cura* e o *Sílabo dos Erros* a ela anexo Segundo David Gueiros Vieira

> o ultramontanismo do século XIX colocou-se, não apenas numa posição a favor de uma maior concentração do poder eclesiástico nas

[115] Ezequias Galvão da Fontoura. *Lições de Direito Eclesiástico.* São Paulo: Jorge Seckler & Comp, 1887, p. 141.

> mãos do papado, mas também contra uma série de coisas que eram consideradas erradas... tais como a liberdade de religião, o casamento civil a liberdade de imprensa e outras mais[116].

Desde os anos que se seguiram à independência, principalmente durante as primeiras legislaturas (1826-1828), o ultramontanismo não encontrou um terreno político tranquilo para a disseminação de seu ideário. Pelo contrário, encontrou resistências entre os parlamentares do primeiro reinado, que identificavam os seus seguidores como uma ameaça estrangeira à consolidação do Império e os acusavam de serem jesuítas, com a finalidade de que a lei pombalina de 1759 pudesse ser usada contra eles, enquanto não aprovado projeto de autoria de Antonio Francisco de Paula e Souza propondo a proibição de todas as ordens religiosas estrangeiras no Império.

Foi também nessa legislatura, durante a sessão de 11 de junho de 1828, que o padre Diogo Antonio Feijó propôs que todos os frades estrangeiros pegos perambulando pelas ruas deveriam ser presos e devolvidos aos seus conventos. Mais tarde, durante a sua regência, Feijó tentou emplacar uma campanha pelo fim do celibato, mas, tendo encontrado resistências, desistiu de prosseguir com seu intento.

A lei de 9 de dezembro de 1830 declarou nulos os contratos onerosos e as alienações de qualquer espécie que houvessem sido celebrados e feitos pelas ordens religiosas, sem licença do governo. É da mesma época a extinção de várias ordens eclesiásticas, como, por exemplo, a Congregação dos Padres de São Felipe Nery de Pernambuco, cujos bens, móveis e imóveis, também por lei de 9 de dezembro de 1830, foram todos incorporados ao patrimônio público nacional, sem qualquer indenização, para serem empregados em uma casa destinada a cuidar de órfãos. Os padres a quem habitualmente estava entregue a administração foram obrigados pela lei a prestar contas das propriedades confiscadas, entregando os títulos de propriedade de que dispunham ao juiz e ao Procurador da coroa, designados com a incumbência de inventariar todos os bens. A biblioteca da Congregação foi doada à recém-criada Faculdade de Direito de Olinda e os clérigos passaram a receber

[116] David Gueiros Vieira. *O Protestantismo, a maçonaria e a questão religiosa no Brasil*. Brasília: Editora UnB, 1981. p. 33.

salários do governo imperial, engrossando, de maneira forçada, o corpo do clero secular.[117]

Ainda com a intenção de extirpar qualquer perigo que as ordens religiosas pudessem apresentar à consolidação do processo de independência, o legislador tratou de tipificar como crimes condutas que pudessem ameaçar a relação constitucionalmente estabelecida entre o poder civil e a religião católica. Assim, o padroado reconhecido pela Constituição do Império foi protegido pelo Código Criminal promulgado em 16 de dezembro de 1830.

Após tratar dos aspectos gerais do crime, o legislador iniciou a parte especial, em que foram definidas as condutas tipificadas como crimes, destinando o primeiro capítulo à proteção da ordem institucional do Império. Dentre esses primeiros crimes tipificados, classificados de "lesa majestade"[118] pelos comentadores da época, o legislador preservava a autoridade temporal mandando o recado aos membros de ordens eclesiásticas que pretendessem seguir as orientações do Vaticano em detrimento das do Estado brasileiro.

Segundo o artigo 79, qualquer ato que importasse em reconhecimento de autoridade de fora do Império com a prestação de efetiva obediência seria punido com pena de prisão que poderia variar entre 4 e 16 anos. No artigo 81, o Código previa pena mais branda, de 3 a 9 meses de prisão, àqueles que recorressem à autoridade estrangeira sem licença do Estado para impetração de graças espirituais, distinções ou privilégios na hierarquia eclesiástica, ou para autorização de qualquer ato religioso. O artigo 80 qualificava o crime se fosse cometido por corporação, prevendo, para os seus membros, pena de dois a oito anos, além da dissolução da entidade.

[117] *Coleção das Leis do Império do Brasil, Atos do Legislativo, 1830,* pp. 81-84, disponível em http://www.camara.gov.br/Internet/InfDoc/conteudo/colecoes/Legislacao/leisocerizadas/Leis1830vILeg.pdf, acesso em 09 de dezembro de 2011.

[118] Antes do Código Criminal do Império as Ordenações Filipinas já utilizavam o termo. "Lesa-Magestade quer dizer traição commettida contra a pessoa do Rey, ou seu Real Stado ..." O constitucionalismo oitocentista torna sensível a diferença na designação dos bens jurídicos tutelados pelo tipo penal. Enquanto o Código Filipino tutelava a pessoa do rei ou o *seu* estado, sem disfarçar o pronome possessivo, o Código do Império já tutelava o funcionamento das instituições da Nação.

Na prática é bem possível que esses dispositivos tenham cumprido eficientemente um papel preventivo, sem terem sido aplicados. Antes mesmo da promulgação do Código, muitas ordens religiosas já haviam sido fechadas pelo governo imperial. Indicativo de que não foram muito utilizados é o fato de não despertarem comentários dos penalistas do Império. Obra do juiz de direito Antonio Luiz Ferreira Tinoco, o *Código Criminal do Império do Brazil Annotado,* elaborado com notas de doutrina e menção a casos práticos, não faz nenhuma observação a esses dispositivos.[119] Da mesma forma não constam comentários a esses artigos no *Código Criminal do Império do Brazil Annotado* de autoria de Araujo Figueiras Junior.[120]

O temor ao ultramontanismo e a reação do Estado contra suas doutrinas voltaram a partir da década de 1850, tanto que, em 6 de setembro de 1855, a Seção de Justiça do Conselho de Estado solucionou dúvida do presidente da província de São Paulo acerca de ofício do inspetor da instrução pública dando conta de que o Bispo de São Paulo instalara dois cursos secundários, mas não aceitava a fiscalização do poder temporal. Argumentava o inspetor que, pelo ato adicional, a emissão de licença para cursos públicos ou particulares era atribuição dos governos provinciais e que a igreja não se eximia dessa fiscalização.

Respeitado o contraditório, foi dada a palavra ao Bispo, que defendeu com veemência a sua liberdade para instalar os cursos e dizia não estar sujeito ao poder temporal com o argumento de que "só aos Bispos por direito divino compete, sem dependência de outro Poder, o ensinar as verdades cristãs aos fiéis como a de formar aqueles que as devem ensinar"[121]. Fundamentava o seu entendimento no concílio de Trento que "conhece nos Bispos o direito de ensinar, independente de outro poder"[122]. Defendia, ainda, que se houvesse de se sujeitar a alguma fiscalização, esta não caberia às províncias e sim ao governo central.

Todavia, somente essa última parte da defesa do Bispo procedeu nas instâncias do Conselho de Estado. De fato, o Decreto de 11 de outubro

[119] Antonio Luiz Ferreira Tinoco, *Código Criminal do Império do Brazil Annotado,* Rio de Janeiro: Imprensa Industrial, 1886, pp. 148-150.

[120] Araujo Figueiras Junior, *Código Criminal do Império do Brazil Annotado,* Rio de Janeiro: Eduardo e Henrique Laemmert, 1876, pp. 79/80.

[121] Caroatá. Op. cit. 577.

[122] Idem.

de 1851, em seu artigo 5º, submetia à aprovação do governo imperial os Lentes e os compêndios propostos pelos Bispos para os seminários. Preocupava-se o Governo Imperial em conter as ideias ultramontanas que iam de encontro ao controle estatal sobre os poderes eclesiásticos e visavam a minimizar a perda de influência da igreja que, há séculos, desde o advento dos estados modernos, havia começado.

Para justificar o controle estatal, o Procurador da Coroa, cujo parecer foi acolhido na íntegra pelos Conselheiros, ancorava-se em lições de direito público eclesiástico, composto, segundo o entendimento esposado na consulta, não só pelas bulas, decretos pontifícios e concordatas com Roma, mas também pela Constituição e pela Legislação pátria, às quais estava sujeita a Igreja.

Também encontrava três justificativas para o controle estatal. A primeira estava relacionada aos sujeitos da ação da igreja, pois estes também eram sujeitos da ação estatal, porque o rebanho que apascenta, tem por si outro Poder, depositário das mais amplas prerrogativas, e sentinela dos atributos Majestáticos, para não consentir que se tire a César, o que Deus entregou a César[123].

A segunda justificativa era histórica: as guerras religiosas, que serviram de substrato fático para o surgimento das teorias de direito natural formuladas por Grotius e Locke, nos séculos seguintes passaram ao imaginário social como uma "ideia subjacente de sociedade como existindo pelo benefício mútuo dos indivíduos e pela defesa de seus direitos"[124], na qual o Estado desempenha um papel fundamental. A esse respeito o Procurador da Coroa falava das escolas eclesiásticas:

> Nelas também tiveram nascimento, e incremento os reprovados, subversivos e incendiários princípios, e máximas que por tantas vezes e por séculos inteiros fizeram derramar rios de sangue cristão, e devastar-se a Europa, e outras partes do Globo, em nome de Deus e da Religião. Só esta consideração bastaria para convencê-lo do Direito, e da necessidade de inspecionar-se a predica, e o ensino eclesiástico, da mesma sorte que ó profano[125].

[123] Caroatá. op. cit. p. 580.

[124] Charles Taylor. *Uma era secular.* São Leopoldo: Ed. Unisinos, 2010, p. 198.

[125] Caroatá. Op. cit. p. 581.

O terceiro argumento a favor da fiscalização do Estado sobre os cursos organizados pelo poder eclesiástico tinha por fundamento o ultramontanismo que rondava as relações entre a igreja e o Estado no princípio da segunda metade do século XIX, início do pontificado de Pio IX,

> Justificando o indisputável atributo da Suprema inspeção, inerente à Coroa e á Soberania Nacional, fazem necessário e urgente o uso dela sobre a instrução, e ensino nos respectivos Seminários, para prevenir que se sustentem, e propaguem tais duvidas, e doutrinas, lisonjeiras provavelmente em Roma, no Brasil, porém, manifestamente ofensivas dos inauferíveis predicados da Coroa e da Soberania Nacional[126].

Um ano mais tarde, em outubro de 1856, chegou à Seção de Justiça do Conselho de Estado mais um caso envolvendo o Bispo de São Paulo e o Cabido da Catedral Paulista, que havia substituído aquele durante os trabalhos da Missa de Natal do ano anterior. Durante a missa, um dos capelães, após uma leitura, pediu a benção ao Cabido e não ao Bispo, despertando a vaidade deste que mandou calar o coro e foi tirar satisfação com o Cabido. O Bispo oficiou então ao Imperador, narrando o entrevero, e o caso foi submetido ao Conselho de Estado.

Seria uma simples consulta se não fossem as palavras utilizadas pelo Bispo em seu ofício ao Imperador. Nele a autoridade eclesiástica alardeava "não ter sobre si, senão no Céu a Deus, e na Terra o Papa" e a noticiava que "pediu algum socorro ao S.S. Padre"[127]. O Conselho entendeu que o Bispo, ainda que na ordem hierárquica da igreja devesse obediência ao Papa, também estava subordinado administrativamente ao Governo imperial, que lhe garantia o pagamento da côngrua e era a única instância competente para se relacionar com o papa. Concluiu que o Clérigo não deveria ter se dirigido ao Sumo Pontífice sem autorização do governo imperial. O alinhamento ultramontano do Bispo custou sua admoestação pelo Governo Imperial, que mais uma vez demonstrou seu poder frente ao da Igreja.

[126] Idem. p. 581.

[127] Caroatá. Op. cit. p. 643.

3. AFIRMAÇÃO DO PODER TEMPORAL

3.1. A reestruturação do modelo confessional colonial

Nos anos que se seguiram à independência, convivendo ainda com regras costumeiras e uma ordem jurídica pré-liberal herdadas da colônia, os primeiros políticos do Império fincaram os alicerces para a consolidação do Estado. O Poder Legislativo e o Governo Imperial preocuparam-se, inicialmente, com a organização do Estado e com a reformulação das instituições coloniais. No ramo do direito público, foram reestruturadas, primeiro, as funções administrativas e judiciárias. Depois, com as alterações da sociedade catapultadas com o fim do tráfico de escravos, foi constituído um aparato legislativo necessário à regulação das relações de direito privado, com a edição da Lei de Terras, a Lei Hipotecária, o Código Comercial etc.

Um passar de olhos no trabalho das primeiras legislaturas[128] do Parlamento do Império dá exemplos representativos dessa finalidade orga-

[128] Na Assembleia Constituinte e na primeira legislatura, os 22 membros do clero só perdiam em número para os 48 bacharéis em direito e eram seguidos por 19 proprietários e homens de negócios. Interessante o registro das impressões de Candido Mendes de Almeida. Segundo o jurista, que não disfarçava sua orientação ultramontana: "foi a Câmara que contou em seu seio maior número de clérigos e que causou maiores estragos à doutrina católica. Entretanto, eram uma plêiade de talentos, senão brilhantes, notáveis, e faziam, como ilustrações, honra ao nascente Império. O elemento clerical não desempenhando mais sua missão caiu em prostração, que bem raros não são os de hoje alcançam uma cadeira nas Câmaras; e os que as conseguem primam por outros títulos e merecimentos." *Direito Civil Eclesiástico Brasileiro*, t. 1. Rio de Janeiro, 1866, p. CCCXLII.

nizacional. Primeiro, esvaziou-se o poder das Câmaras de Vila; depois, foi organizado, em 1828, o Supremo Tribunal de Justiça, que havia sido criado pela Constituição para substituir os órgãos judiciais de cúpula da metrópole com jurisdição na colônia; pouco mais tarde, com a votação de uma Lei Orçamentária, foi organizado o Tesouro Público Nacional. Também datam da primeira metade do século o Código Criminal, promulgado em 1830, e o Código de Processo Criminal, de 1832, reformado, posteriormente, em 1841.

Nesse diapasão, no plano institucional, foram perdendo força as *Constituições primeiras do arcebispado da Bahia,* elaborada pelo Arcebispo D. Sebastião Monteiro da Vide e aprovadas por um Sínodo em 1707. As *Constituições* eram uma verdadeira peça prescritiva, emanada do poder eclesiástico, com condutas permitidas e vedadas na ordem civil da colônia que preencheram os espaços não ocupados pelo poder temporal. Com a intenção de disciplinar a vida religiosa no Brasil colonial, seu texto continha regras de direito eclesiástico que regulamentavam a forma como deveriam ser realizados os sacramentos católicos, como o batismo e o casamento, impunham sanções e, ainda, designavam as autoridades competentes para o julgamento dos "pecados públicos" e crimes contra as causas eclesiásticas.

Impressas em 1719, em Lisboa, e em 1720, em Coimbra, as *Constituições* foram reimpressas novamente somente em 1853, desta vez em São Paulo. No prólogo dessa edição, escrito por Ildefonso Xavier Ferreira, cônego prebendado, são realçadas as alterações trazidas no texto em razão do ordenamento jurídico criado sob o Império, salientando o posicionamento da Igreja frente ao Estado nesta nova ordem:

> É inquestionável que as Leis disciplinares da igreja se mudam e se acomodam às circunstâncias do tempo, e que a Igreja, embora seja um Império distinto e separado, pelo que pertence ao espiritual dos fiéis, com tudo esta subordinada ao Império Civil. A forma de Governo, as leis pátrias, os diversos Códigos, adotados por uma Nação Católica, tem colocado a Igreja na indeclinável necessidade de modificar sua disciplina.
>
> (...)
>
> Embora as Constituições do Arcebispado da Bahia fossem adotadas pelos senhores Bispos do Brasil com as alterações necessárias, acomodadas aos usos e costumes das Dioceses, já na época da Independência

> Brasileira, inumeráveis de suas disposições tinham caído em desuso. Apenas, porém, apareceu a Constituição Política do Império muitas caducaram, não obstante serem fundadas em Direito Canônico: ninguém ignora que as imunidades da Igreja eram fundadas naquele direito; e como poderiam subsistir à vista da Constituição do Império. Todas sabem o privilégio do foro: mas duas linhas do Código do Processo aboliram semelhante privilégio; e por isso cessam todas as regalias que aquele concedia.[129]

No Brasil do século XIX, paulatinamente, o ordenamento foi estruturado pelo poder secular, em substituição às fontes e entendimentos emanados das autoridades eclesiásticas. Não havia dúvidas a respeito da legitimidade do governo em acertar o ordenamento aos novos tempos. Além da benção divina constante do preâmbulo da Constituição, o poder temporal, ao editar novas normas ou ao fixar entendimentos consentâneos à realidade contemporânea, tinha a legitimidade do povo que o sufragava segundo os ditames do constitucionalismo moderno. O poder eclesiástico, que buscava sua autoridade em origens remotas ou divinas, assistiu, então, a reestruturação do modelo confessional de Estado a partir da remodelação de alguns institutos jurídicos.

3.2. O enfraquecimento da jurisdição eclesiástica

Na tradição lusitana, da qual o Brasil herdou o sistema do padroado, o direito eclesiástico — assim então denominado porque suas regras emanavam da igreja, correspondendo ao que hoje constitui o direito canônico — era utilizado como fonte subsidiária do direito. Desde as Ordenações Afonsinas (1446), as decretais de Gregório IX, ao lado do direito romano, da glosa de Acúrsio e da opinião de Bártolo, colmatava as lacunas, visando a preencher os vazios legislativos do Estado Moderno Português.

Nas Ordenações Afonsinas, "o problema que até então se colocava não era simplesmente jurídico (...) a questão, na verdade, centrava-se também no conflito de jurisdições"[130] Caso o direito comum não pre-

[129] D. Sebastião Monteiro da Vide. *Constituições Primeiras do Arcebispado da Bahia.* Brasília: Edições do Senado Federal, 2007, V.

[130] José Rogério Cruz Tucci e Luiz Carlos de Azevedo. *Lições de História do Processo Civil Lusitano.* São Paulo: Editora Revista dos Tribunais, 2009, p. 151.

visse a mesma solução ao caso concreto dada pelo direito eclesiástico, adotava-se o denominado critério do pecado, que determinava a incidência do direito eclesiástico para as questões de natureza espiritual ou nas quais a aplicação do direito romano pudesse acarretar pecado.

O mesmo critério foi mantido nas Ordenações Manuelinas (1521) e nas Filipinas (1603), mas nestas a questão recebeu outro enfoque, porque, em vez de tratada como conflito de jurisdição, passou a ser concebida como critério de julgamento, regulado no título destinado a "como se julgarão os casos, que não forem determinados por as ordenações." Segundo Guilherme Braga da Cruz "somente no início do século XVII é que se rompe o derradeiro liame que prendia o problema do direito subsidiário à ideia inicial — que dominara o texto afonsino — de um conflito de jurisdições entre o poder temporal, simbolizado pelo direito romano, e o poder eclesiástico, representado pelo direito canônico"[131].

A "Lei da Boa Razão", de 19 de agosto de 1769, editada por D. José I com o intuito de fortalecer o Estado e orientar a ordem jurídica, redesenhava a utilização das tradicionais fontes de direito, fomentando nas instituições as bases da secularização consolidada no século XIX. O direito de origem doutrinal e jurisprudencial foi desvalorizado em face da lei e o § 12, aplicado nas relações do Brasil, afastava a vigência autônoma do direito canônico nos tribunais civis[132]. A partir de então, o direito canônico somente seria utilizado pelos Tribunais e Consistórios Eclesiásticos.

[131] "O direito subsidiário na história do direito português", *Revista Portuguesa de História*, t. 14, Coimbra, 1975, p. 252.

[132] O §12 da Lei da Boa Razão de D. José dizia: "havendo-me sido da mesma sorte presente que se tem feito na prática dos Julgadores, e Advogados outra grande perplexidades, e confusão com as outras palavras do sobredito preambulo da Ord. Liv. 3 tit. 64 que dizem: — E quando o caso de que se trata, não fôr determinado por Lei, estylo, ou costume dos nossos Reynos, mandamos, que seja julgado, sendo matéria que traga pecado, por os Sagrados Canones. E sendo materia, que não traga pecado, seja julgado pelas Leis Imperiaes, posto que os Sagrados Canones determinem o contraria: — sucitando-se com estas palavras hum conflito não só entre os textos do Direito Civil, mas até com os das minhas mesmas Leis: E suppondo-se com erro manifesto para sustentar o mesmo conflito, que no fôro externo dos meus Tribunaes, e da Magistratura Temporal, se pode conhecer dos pecados, que só pertencer privativa, e exclusivamente ao fôro interior, e à espiritualidade da Igreja: Mando outro sim, que a referida suposição d'aqui em diante se haja por não escripta...deixando-se os referidos textos de Direito Canonico para os Ministros, e Consistórios Eclesiásticos os observarem (nos seus devidos, e competentes termos)" (mantida a grafia original)

No entanto, ainda era expressiva a autonomia jurisdicional da Igreja, que continuava a ter competência em razão da pessoa (*iurisdictio ratione personae*) e em razão da matéria (*iurisdictio ratione materiae*), para julgar, respectivamente, as questões civis e criminais nas quais estivessem envolvidos clérigos ou casos relativos a matérias espirituais, à organização e disciplina eclesiásticas ou, ainda, relativas a assuntos religiosos ou bens da Igreja.

Ademais, em razão da vastidão do território e da incipiente organização estatal, pode-se afirmar que no Brasil, assim como ocorreu em Portugal, a igreja preservava ainda funções que interferiam na ordem civil, conforme ensina António Manuel Hespanha:

> Outra reserva jurisdicional — agora ao nível do "vivido", que não do "direito oficial" — diz respeito ao papel das autoridades eclesiásticas (sobretudos os párocos, mas também as confrarias ou irmandades) como ordenadoras da vida coletiva e como mediadoras "informais" de conflitos nas comunidades rurais (...) A Igreja sempre fomentara a intervenção arbitral das suas instituições (bispos, curas de almas, confrarias) na resolução de conflitos entre fiéis (c.f. S. Paulo, *Corint.*, I, 6)[133].

Na medida em que as instituições se fortaleciam e o Estado se organizava, perdiam força as instâncias jurisdicionais eclesiásticas e esmorecia a aplicação das *Constituições primeiras do arcebispado da Bahia*.

De fato, o Código de Processo Criminal do Império, de 3 de dezembro de 1841, em seu artigo 155, § 4º, seguido pelo artigo 200 do regulamento de 31 de janeiro de 1842, limitava a jurisdição eclesiástica em matéria criminal à imposição de penas meramente espirituais. A respeito desse tema, Jerônymo Vilella de Castro Tavares, em seu *Compendio de direito eclesiástico para uso das academias jurídicas do Império*, ensinava que o fim da jurisdição eclesiástica coincidia com a admissão da tolerância religiosa nas nações. Citando a França como exemplo, onde a tolerância foi admitida em 1780, o autor lecionava que:

> A igreja em muitas ocasiões e por muito tempo tem exercido jurisdição temporal; mas isto ou é por abuso, que não pode fazer lei, nem

[133] *Hércules confundido: sentidos improváveis e incertos do constitucionalismo oitocentista: o caso português*. Curitiba, 2010, p. 279.

> constituir direito ou, então, é por vontade e consentimento dos soberanos civis (...) na Constituição do Arcebispado da Bahia se achavam consignados alguns princípios alheios ao poder da Igreja, v.g. sobre impostos; mas hoje ambos os poderes, eclesiástico e civil tem ocupado a posição que verdadeiramente lhes pertence.[134]

Essa retomada de competência pelo poder temporal deve ser vista no conjunto das alterações introduzidas pela Lei de 3 de dezembro de 1841, que reformou o Código de Processo Criminal de 1832. Ao lado da lei de interpretação ao Ato Adicional de 1834 e da lei que reestabeleceu o Conselho de Estado, a reforma caracterizou o momento conhecido como política do regresso, que fortalecia o poder central frente aos poderes regionais que protagonizaram as revoltas regenciais da década de 1830.

Na reforma processual de 1841, assim como a instrução criminal passou das mãos dos juízes de paz eleitos no âmbito das províncias para a atribuição dos cargos de chefes de polícia, exercidos por juízes de direito nomeados na Corte, a jurisdição eclesiástica sobre matéria criminal, antes muitas vezes exercida pelo Bispo ou pelo Vigário Geral em razão da identificação de vários crimes com pecado, passou a ser atribuição de um juiz ligado à estrutura do Ministério da Justiça.

Com relação à jurisdição civil, embora nas relações jurídicas de direito material muitos atos relacionados ao estado da pessoa, e correspondentes de alguma forma aos sacramentos religiosos, mantivessem-se sob a supervisão da Igreja Católica, foi suprimida a competência dos juízos eclesiásticos para o registro e execução dos testamentos. Desde 3 de novembro de 1622 as competências estavam repartidas entre os juízos.

Ao juízo eclesiástico caberia o registro dos testamentos nos meses de janeiro, março, maio, julho, setembro e novembro; ao juízo secular caberia sempre a execução e, nos meses em que a tarefa não competisse à Igreja, o registro. Com o advento da Lei de 27 de agosto de 1830, originada de um projeto de Rocha Franco[135] apresentado durante os

[134] Jerônimo Vilella de Castro Tavares. *Compendio de Direito Ecclesiástico para uso das academias jurídicas do Império.* Rio de Janeiro: B L Garnier, 1882, pp. 74-75.

[135] Américo Jacobina Lacombe (coord). *O clero no parlamento brasileiro v.1.* Brasilia: Câmara dos Deputados — Centro de Documentação e informação. 1978.

trabalhos da Assembleia Constituinte, extinguiu-se o critério da alternatividade e ficou estabelecido que todas as contas de todos os testamentos, bem como a decisão de todas as questões a eles relativas, pertenceriam aos juízos seculares.

Essas competências foram reafirmadas pelo aviso nº 47 de 28 de julho de 1843. Avisos eram orientações expedidas por Ministros ou seus prepostos após consultas ao Conselho de Estado e assumiam a função de precedente na orientação de soluções jurídicas[136]. O fato de haver um aviso a respeito de um tema legislado quase treze anos antes é sugestivo das controvérsias ainda existentes sobre o assunto nesse período, resolvidas com a atuação do poder central.

Dentro dessa linha de redução das reservas políticas da Igreja, o Estado, antes mesmo de o Código de Processo Criminal de 1841 disciplinar quem seria julgado pela justiça comum, estabeleceu critérios de investiduras daqueles que deveriam julgar na justiça eclesiástica, ainda ligada ao Estado. Pretendendo absorver os egressos de suas Faculdades de Direito do Império, o artigo 2º da Lei de 17 de setembro de 1839 estabelecia preferência dos bacharéis nelas formados para assumir função de desembargadores na Relação Eclesiástica.

A lei permitia uma promoção *per saltum* uma vez que um bacharel recém-formado poderia ascender ao órgão de segunda instância sem nunca ter passado por um cargo público e os Vigários Gerais e Juízes de primeira instância, que normalmente eram promovidos à Relação, seriam preteridos por não ter o diploma.

Alguns anos após a sua entrada em vigor, enquanto o ultramontanismo ganhava espaço, a lei despertou a reação da Igreja e o Arcebispo da Bahia representou ao governo imperial, com um requerimento escorado em um fundamento de paridade de tratamento para que a nomeação dos desembargadores da relação eclesiástica seguisse "a mesma ordem de acesso ou gradação hierárquica estabelecida para a Magistratura secular, chamando para o cargo de Juízes da segunda e última instância os que na primeira tivessem já dado provas de inteligência, inteireza e probidade"[137].

[136] Neste sentido José Reinaldo de Lima Lopes. *O Oráculo de Delfos*. São Paulo: Saraiva, 2010, pp. 193-194.

[137] Caroatá. Op. cit. P. 396.

No exercício do Poder Moderador, o Imperador remeteu o caso ao Conselho de Estado, que emitiu sua consulta em 21 de janeiro de 1854. Antes dos conselheiros, o Procurador da Coroa emitiu parecer no sentido de que a Lei deveria ser cumprida embora carecesse de mudança. No entanto, a Seção de Justiça, integrada por Caetano Maria Lopes Gama, Visconde de Abrantes e Paulino José Soares de Souza, entendeu que qualquer mudança importaria em retrocesso.

Certamente pesou para a opinião dos Conselheiros o fato de os bacharéis receberem instrução de Direito Eclesiástico durante curso da Faculdade de Direito, mas os fundamentos de ordem política e a percepção de uma ordem social mais laicizada são os que mais ganharam realce, demonstrando uma diluição do poder da Igreja nas funções assumidas pelo Estado moderno, menos hierarquizado do que as relações da sociedade que o precederam, na qual o poder religioso preponderava.

Na opinião dos Conselheiros:

> quando os Teólogos eram os Jurisconsultos, e quase os únicos que sabiam ler e escrever e tinham algumas noções do Direito romano, bastava certamente ter os conhecimentos então necessários a um clérigo, para que lhe fossem confiadas as funções de Juiz, não só nas supraditas questões, como na quase totalidade dos processos civis em concorrência com os Juízes seculares.
>
> Hoje, porém, o clérigo que houver de ser Juiz nas causas, não puramente espirituais, precisa aprender nas Universidades ou em Academias especiais, as ciências jurídicas e sociais que tanto contribuíram para que os Juristas soubessem aconselhar aos seus Soberanos os sucessivos atos com que se foi reduzindo às mais justas proporções o imenso poder judiciário da Igreja, no sentido destas palavras divinas: *«Redditequae sunt CesarisCesari, etquce sunt Dei Deo.»*[138]

Anos mais tarde, chegavam ao Conselho de Estado duas outras consultas resolvidas com fundamento no direito eclesiástico e cujos resultados influenciariam na configuração do Poder Judiciário, uma vez que se tratava do exercício de uma das profissões essenciais ao seu funcio-

[138] Idem.

namento, advocacia. A primeira consulta, resolvida em 1863, dizia respeito sobre a possibilidade dos padres exercerem a advocacia no foro comum; a outra, de 1869, tratava sobre a necessidade de aval da Igreja para exercer a advocacia no Tribunal Eclesiástico.

A consulta realizada em 30 de julho de 1863 foi iniciada a partir de uma representação do Juiz Municipal e de Órfãos do termo de São Paulo de Muriaé, na Província de Minas Gerais, indagando se havia incompatibilidade entre as funções de pároco e a de advogado porque, pela legislação regulamentadora da profissão, não só os párocos formados em uma das faculdades do Império poderiam advogar, mas todos aqueles provisionados em paróquias não habitadas por bacharéis, que na vasta extensão do território não eram poucas.

Antes da questão ser encaminhada aos Conselheiros, opinaram os órgãos auxiliares da Seção de Justiça, que emitiram pareceres divergentes:o 1º Oficial, Camilo José Pereira de Faro; e o Diretor, Candido Mendes de Almeida.

O 1º Oficial opinou pela inexistência de incompatibilidade, pois entendia que, não tendo a coleção de leis do Império previsto esta hipótese de incompatibilidade entre as inúmeras que regulava, não poderia haver interpretação que restringisse o exercício da advocacia aos Párocos. Sua opinião revelava ainda que a acumulação dessas funções era uma praxe comum nas Províncias, fiando-se nessa rotina para não ver mal nenhum no desempenho concomitante do pasto espiritual e do exercício da advocacia:

> as funções destes empregos não repugnam entre si por sua própria natureza, da acumulação deles não resulta a impossibilidade de ser cada um desempenhado satisfatoriamente, penso, portanto, que se deve declarar á Presidência de Minas Gerais que não há incompatibilidade no exercício simultâneo das funções de Pároco e de Advogado; esta decisão parece de acordo com a prática adotada, de que há exemplos em muitas Províncias do Império[139]. (p. 1035)

Rebatendo os argumentos do 1º Oficial, Candido Mendes de Almeida enfrentou a questão com os olhos de quem estava familiarizado com o

[139] Caroatá, Op. cit. p. 1035.

Direito Canônico. Argumentando com os textos das Ordenações e das Decretais de Gregório IX no que diziam respeito ao assunto, concluiu pela impossibilidade de acumulação.

> Ora, o Direito Canônico faz parte de nossa Legislação, e não pode ser preterido com um simples rasgo de pena, ou por decisão Ministerial.
>
> O Pároco não pôde ser Juiz de Paz, Municipal, de Órfãos, Vereador, Jurado, Corretor, Delegado de Polícia etc.
>
> As razões que criaram estas incompatibilidades prevalecem no caso de Advogado e Procurador.
>
> Os motivos de ordem pública que impediram que os Juízes e Promotores advogassem e procurassem nos lugares onde exercem funções, pondo de parte o direito canônico, de que aliás não podemos preterir a execução, e tão pouco facilitar a desobediência, parecem militar também em prol do bom desempenho das funções de Pároco (Juiz da consciência dos seus paroquianos) e de outros encargos seculares (Decreto n. 1.318 de 30 de Janeiro de 1854, Arts. 97 e seguintes).
>
> «Demais tendo sido o emprego de Pároco declarado civil (Aviso n. 306 de 2 de Agosto de 1831, 4 de Junho de 1832, n. 213 de 24 de Agosto, n. 324 de 28 de Outubro, e n. 415 de 23 de Dezembro de 1859), pode o Governo, que assim entendeu, declarar a incompatibilidade desse emprego com o exercício da profissão de Advogado e Procurador, como já fez á respeito dos Juízes e Promotor; podendo-o com tanto mais segurança, quanto a profissão de Advogado é *munus* público (Aviso de 7 de Outubro de 1828, e 1 de Agosto de 1831)[140].

Instaurada a controvérsia, a questão foi encaminhada aos Conselheiros da Seção de Justiça. O primeiro a se manifestar foi Visconde de Uruguai, Relator do caso, que ratificou as razões externadas por Mendes de Almeida. Em seguida, a controvérsia foi mantida pelo parecer de Euzébio de Queiróz, que endossou os argumentos do 1º Oficial de que na prática os párocos já advogavam e que não seria conveniente despertar reclamações com a declaração de incompatibilidade dessas funções. Argumentava, ainda, que se as Ordenações fossem aplicadas como sugeria Mendes de Almeida, "muitos dos mais distintos Advogados do nosso

[140] Caroatá.Op. Cit. p. 1035.

Foro teriam de fechar seus escritórios porque essa disposição não compreende só os Clérigos, e sim de envolta com eles as pessoas poderosas como os Fidalgos, etc"[141].

Retornada a questão ao Visconde de Uruguai, este acresceu ao seu parecer o argumento de que "o Pároco deve estar sempre disponível para administrar o pasto espiritual, para batizar, casar, acudir logo aos moribundos, que não podem esperar, e não ocupado com Partes, Procuradores e papeis forenses; preso em uma longa sessão de Júri a acusar ou defender, réus"[142]. Em seguida, para desempate da controvérsia, a questão foi encaminhada ao terceiro conselheiro, o Constitucionalista José Antônio Pimenta Bueno, que buscou nas regras de Direito Eclesiástico das Constituições do Arcebispado da Bahia fundamento para reconhecer a incompatibilidade:

> A Constituição do nosso Arcebispado da Bahia em seu Tit. 9º n. 492 diz em relação aos simples Clérigos
>
> — Outrossim não poderão ser Advogados no Foro e Auditório secular de causas seculares, nem Procuradores ou Solicitadores das mesmas causas, salvo se requererem por si próprios ou por causa sua, ou de seus parentes em grau promíscuo, ou de suas Igrejas, ou de seus Prelados; ou de outras pessoas eclesiásticas com quem viverem.
>
> Ora se a nossa Constituição do Arcebispado assim manda quanto aos simples Clérigos que não tem cura d'almas, conquanto maior razão não se deverá considerar essa proibição vigente em relação aos Párocos.
>
> Se aqueles só por serem Sacerdotes não devem distrair-se do serviço de Deus para auferir lucros seculares, como poderão distrair-se os Párocos?
>
> Como combinar mesmo o dever que estes tem de confessar os seus paroquianos que por ventura serão partes adversas em um pleito que ele sustente na qualidade de Advogado do contrário?[143]

Resolvida a questão pela incompatibilidade, nos termos dos votos do Visconde de Uruguai e de Pimenta Bueno, foi expedido do Aviso 359 de 4 de agosto de 1863 comunicando que havia incompatibilidade entre a função de pároco e de Advogado ou procurador.

141 Caroatá.Op. Cit. p. 1036.

142 Caroatá. Op. Cit. p. 1037.

143 Caroatá. Op. cit. p. 137.

Alguns anos depois, em 31 de dezembro de 1869, o Conselho emitiu parecer sobre representações da filial pernambucana da Ordem dos Advogados e do Advogado e professor na Faculdade de Direito do Recife Antonio Menezes Vasconcellos de Drumond contra ato do Bispo daquela província que tornou dependente de licença da diocese o exercício da advocacia no foro eclesiástico.

A autoridade eclesiástica fundamentava a exigência no artigo 438 do Regimento do Auditório Eclesiástico do Arcebispado da Bahia de 1704, mas o Instituto dos advogados argumentava no sentido de que as exigências não estavam em consonância com as leis do Império, além de ferir direitos adquiridos, pois nunca antes haviam sido feitas e desde as Ordenações (Livro 1º, título 48) se garantia aos bacharéis em direito o exercício da advocacia, independentemente de licença. Também sustentava que somente bacharéis em direito poderiam ocupar o cargo de Desembargador da Relação eclesiástica, como acima visto.

Ao levar a questão ao conhecimento do Governo Imperial, a entidade de classe realçou o conhecimento de direito eclesiástico pelos bacharéis formados nas Faculdades de Direito sustentando que "o ensino do Direito Eclesiástico nas Faculdades do Império por lentes católicos e por compêndios devidamente aprovados e inteiramente conformes ao ensino da Igreja é decerto suficiente para a defesa de qualquer demanda no foro eclesiástico"[144].

Para desmontar esse argumento, o Bispo construiu uma defesa interessante. No entendimento exposto por ele, quando o Legislador do Império reconheceu a religião católica como religião oficial e sancionou o foro eclesiástico dos Bispos, reconhecendo o direito canônico, foram estabelecidas duas ordens distintas: uma civil-criminal, que se dirige ao cidadão "enquanto súdito do Governo especial da Pátria"; e a do Direito Canônico, que se dirigia aos cristãos das várias dioceses "enquanto súditos ao Governo Geral da Igreja".

Na tese defendida pelo Bispo, poderiam ser escolhidos por ele, para advogar perante "o seu foro", somente "eclesiásticos versados em Cânones", excluindo-se os "advogados civis". De acordo com sua tese, se pelos costumes foram todos os advogados indistintamente aceitos a advogar no foro eclesiástico, nada havia que lhe tirasse a faculdade de escolher

144 Caroatá. Op. cit., p. 1831.

quais dentre os advogados seculares poderiam advogar neste foro especial. Para elidir o argumento da Ordem dos Advogados de que os profissionais seculares possuíam formação em direito eclesiástico garantida pelas Faculdades de Direito do Império, tenta legitimar sua exigência em um argumento de ordem histórica:

> É bem conhecido na historia que as Universidades em sua origem foram instituições eclesiásticas e que a faculdade teológica aí ocupava o primeiro lugar, isto é, pertencia à cadeira de Direito Canônico.
>
> Os mais eminentes doutores, chamados mesmo de outros países quaisquer, sendo a ciência cosmopolita, aí tinham cadeiras: e o ensino, bem que vário em razão do diverso engenho dos Professores, era todavia homogêneo no seu essencial; pois era eminentemente cristão; e os Tribunais eclesiásticos eram uma palestra onde praticavam os mais abalizados Canonistas das diversas nações, sendo universal a Legislação eclesiástica.
>
> As circunstâncias particulares dos tempos modernos aboliram de quase todas as Universidades (que por isso ficaram sendo laicas) o ensino teológico, conservando-se, porém, a cadeira de Direito Canônico nos países católicos em serviço de foro eclesiástico; mas como os Professores e os textos, que se explicam, não recebem em algumas Universidades o seu mandato da autoridade eclesiástica, a Igreja em tais casos não pode inteiramente fiar-se na pureza do ensino das Leis que a ela pertencem, nem pode sem suma discrição admitir para patronos nos seus Tribunais doutores que não receberam do seu mesmo seio a ciência que professam.[145]

Na Seção de Justiça do Conselho de Estado a questão foi encaminhada pelo parecer do Diretor Ferreira Valle no sentido de que o Bispo não poderia conceder licença para a advocacia no foro eclesiástico nem negar que advogados legalmente habilitados lá oficiassem.

No entanto, diversa foi a solução dada pelos Conselheiros Nabuco de Araújo e Domiciano Leite Ribeiro, que entenderam ter o Bispo razão em selecionar os advogados que poderiam atuar no foro eclesiástico. Com razões diversas das apresentadas pelo Bispo, os Conselheiros leva-

[145] Caroatá. Op. Cit. p. 1433.

ram em consideração o fato de o foro eclesiástico julgar apenas causas eclesiásticas, sem possuir a força que possuíam no passado. Para justificar a utilização da regra inserta no Regimento do Auditório Eclesiástico do Arcebispado da Bahia em detrimento da regra das Ordenações defendida pela Ordem dos Advogados, os Conselheiros, citando expressamente o Digesto e Pothier, fiaram-se na regra segundo a qual a lei especial derroga a lei geral.

Contra o argumento de que os advogados civis desde longa data já advogavam no foro eclesiástico, os Conselheiros sustentaram que a derrogação pelo desuso só era possível nos países em que prevalecia o sistema de direito consuetudinário, razão pela qual entenderam não haver direito adquirido pelos Advogados que já atuavam no foro eclesiástico em razão de o bispo nunca antes ter exigido prévia licença.

Em um primeiro olhar, a solução dada pelos Conselheiros parece ir na contramão de decisões tomadas anteriormente, sobretudo porque havia uma lei de 1839 determinando que os desembargadores das relações eclesiásticas fossem escolhidos dentre bacharéis formados pelas Faculdades de Direito do Império.

No entanto, o conjunto dos pareceres prolatados em assuntos eclesiásticos indica uma tentativa dos Conselheiros e, por conseguinte do Poder Público, de separar as instâncias secular e eclesiástica.

Longe de ser uma compensação ao aviso que declarava incompatível a função de pároco com o exercício da advocacia, privando os homens da Igreja de postular na justiça temporal, a solução encontrada pelos conselheiros, no sentido de que os seculares poderiam advogar em causas espirituais apenas mediante licença do Bispo, estremava ainda mais as características dos foros temporal e eclesiástico, relevando a natureza espiritual das causas submetidas a esta Justiça e deixando preservada de qualquer influência da Igreja a Justiça comum, totalmente controlada pelo Estado.

A remodelação do papel da Igreja no desempenho da atividade jurisdicional, remodelado ainda na primeira metade do século XIX, deve ser vista, portanto, dentro do esforço de construção de um Estado e de uma nação, cuja criação do ordenamento jurídico, segundo destacou Andréa Slemian, "desdobrava-se na ambivalência entre a universalidade de princípios na sua interface com as realidades locais", compondo uma síntese entre "a fundação dos pilares do Direito Público" (a Constituição), "um esforço de positivação" (a Codificação) e a "formação de uma cultura jurídica"[146]. Todas essas iniciativas importaram, ao longo do século XIX, na relativização do padroado.

3.3. O registro civil e o elemento demográfico

Mesmo tendo perdido parte do seu poder sobre os atos da vida civil em razão das competências assumidas com a paulatina organização do Estado, a Igreja ainda mantinha intensa participação na burocracia do Império, realizando registros, celebrando casamentos e participando da organização das eleições.

A certidão de batismo religioso, nos termos do livro 1º, título 20, §70, das *Constituições Primeiras do Arcebispado da Bahia*, valia como prova de idade e da condição de católico. O documento era importante na medida em que, não estando ainda organizado um registro civil, era necessário provar tais condições para o exercício de direitos políticos ou para assunção de cargos públicos, conforme acima mencionado.

No entanto, com o aumento populacional, a necessidade de estruturação das instituições e as discussões nas primeiras legislaturas para que se evitassem as ideias ultramontanas deram início, ainda no final da década de 1820, ao embrião do registro civil: em 24 de setembro de 1829 foi promulgado decreto admitindo, na falta de certidão de batismo, a prova da idade por qualquer documento ou prova legal. A partir de então, a maioridade ou a condição de incapaz não dependeria do aval eclesiástico. Estava dado o pontapé inicial e a condição institucional para os homens de Estado formular alternativa à ação da Igreja no campo do registro civil.

A ideia de um registro alternativo à ação da igreja passaria a ter contornos prescritivos mais robustos a partir da década de 1850, com a proibição do tráfico de africanos. A primeira notícia de que deveria ser organizado um censo e iniciado um registro civil de nascimentos e óbitos é de 6 de setembro de 1850, prevista no artigo 17, §3º da Lei Orçamentária do Império para os exercícios de 1851 e 1852. Segundo esse dispositivo, elaborado pelo mesmo Eusébio de Queirós, que dois dias antes

146 "À nação independente um novo ordenamento jurídico: a criação dos Códigos Criminal e do Processo Penal na primeira década do Império do Brasil." In Ribeiro, Gladys Sabino (org.). *Brasileiros e cidadãos: modernidade política 1822-1930*. São Paulo: Alameda: 2008, p. 205.

abolira formalmente o tráfico de escravos, ficavam autorizados gastos para realizar no menor prazo possível o censo geral do império e também estabelecer registros regulares de nascimento e óbito.

A regulamentação dessa disposição veio com o Decreto 797 de 18 de junho de 1851, que deu instruções gerais para a realização de um censo que deveria ocorrer em 1852. Evidenciava-se o que já poderia se supor com o decreto de 1829: o incômodo do Governo Imperial por desconhecer o elemento demográfico do Estado.

O Decreto 797/1851 mandava anotar o nome, exceto se fosse escravo, caso em que bastaria o nome do senhor; o estado da pessoa, se casada solteira ou viúva; a condição, se ingênuo, liberto ou escravo; o lugar do nascimento; a nação, se fosse estrangeiro ou naturalizado; a tribo, se fosse indígena; e a profissão. As listas deveriam fazer menção ao nome e à condição das pessoas. Deveriam constar se os recenseados eram ingênuos, libertos ou escravos. Neste último caso, tratando-se de cativo, o regulamento dispensava a anotação do nome, bastando o sexo, a cor e a idade (artigo 11).

Uma curiosidade pode ser notada na leitura desta primeira tentativa de organização de um censo: o governo imperial não se preocupou em anotar qual religião professavam. Por quê? O número dos que praticavam outras religiões era insignificante a ponto de não justificar uma previsão legal? Parece que não, ainda mais considerado o aumento do fluxo de entradas imigrantes protestantes, que, a partir da década de 1850, aportaram no Brasil como alternativa à mão-de-obra escrava. Uma resposta plausível é a de que o Governo Imperial, antevendo os problemas que poderiam advir da informação do número de negros e estrangeiros que não professavam a Católica, preferiu omitir o dado.

Podem reforçar esse argumento as esgarçadas relações que se desenhavam entre a Igreja e o Governo já desde o início da década de 1850; os dados a serem revelados poderiam expor ainda mais o desgaste, que chegou a sua expressão política máxima na questão religiosa de 1873.

Também robustece esse argumento o censo de 1872 que, realizado com base nas informações coletadas nas paróquias do Império pelos recenseadores da época, aponta uma informação interessante no que diz respeito à religião. Apesar de os recenseadores algumas vezes hesitarem ao não classificar os escravos como católicos nem como acatólicos, por orientação dos seus organizadores, dentre os quais o simpatizante ultramontano Candido Mendes, todos os 1.508.566 escravos do país foram considerados católicos. Foram computados como acatólicos somente africanos livres que, ao lado de protestantes e brasileiros de outros cultos, totalizaram 27.744 pessoas. Como a escravidão sempre foi associada ao "dever" de catequização, e por isso sempre tolerada pela Igreja Católica, o governo Imperial não podia admitir que os senhores não se desincumbissem desse dever[147].

Na esteira da previsão do censo, o decreto 798, também de 18 de junho de 1851, regulamentava o registro de nascimento e óbito a cargo dos escrivães do juiz de paz, que não receberiam salários, mas poderiam cobrar emolumentos a cada registro realizado (artigo 17) e fariam jus a uma gratificação a cada seis meses pela entrega de um mapa de nascimentos e óbitos (artigo 27). A lei estabelecia os responsáveis pelo registro: o pai, sendo filho legítimo; a mãe, se ilegítimo; e o senhor, sendo filho de escrava de sua propriedade. Neste caso, não seria declarado o nome do recém-nascido, mas somente o do senhor e dos pais, ou somente o da mãe. O senhor também poderia conferir a liberdade assentando tal condição no registro de nascimento.

Pelo artigo 20, as certidões fariam prova da idade e da morte. Por ser conveniente, o decreto dizia expressamente que não deveriam ser suprimidos os registros eclesiásticos, os quais fariam prova do batismo e do casamento (art. 33), contudo não se faria casamento sem batismo e, o mais interessante, ninguém seria batizado sem o registro de nascimento disciplinado pela lei (art. 24), bem como ninguém poderia ser enterrado sem certidão de óbito (art. 23). A não observância da lei por aquele que batizasse ou enterrasse sem o registro daria margem a punição por crime de desobediência (art. 25).

Aos poucos as previsões legislativas criavam condições para aos poucos minar a autoridade da Igreja. As ideias estavam postas e a intenção do governo de demonstrar autoridade temporal e regular todas as esferas institucionais das quais dependiam seus súditos era clara.

É certo que o regulamento de 18 de junho de 1851 foi deixado de lado e a reforma cartorária só ocorreria de forma efetiva em 1888.

[147] "Vida privada e ordem privada no Império" *in* Novais, Fernando A.(Coord) e Alencastro, Luiz Felipe de (Org.), *História da vida privada no Brasil v.2. Império: a corte e a modernidade nacional.* São Paulo: Companhia das Letras, 1997, p. 83

No entanto, isso se deu menos pela resistência dos párocos do Império ao novo registro, como defesa do "prestígio social e as rendas auferidas pela sua atividade cartorária", e neste ponto discordamos de Alencastro[148], e mais pela conjuntura deflagrada com a abolição do tráfico de escravos. Após um curto período de divulgação desses decretos, há fatos indicadores de que o intuito do governo foi deixado de lado em razão da resistência popular contra o registro e também pela falta de motivação dos produtores rurais proprietários de escravos em cumpri-la.

A população livre e pobre passou a resistir à sua aplicação por temer ser "escravizada" pelo registro. Isso porque, após a Lei Eusébio de Queirós ter formalizado o fim da entrada de braços africanos destinados à produção, incentivando o comércio de escravos entre províncias, a população livre e liberta desconfiou que pudesse ser escravizada pelo papel. A necessidade de o registro aludir à cor e à condição despertou o receio da população de baixa instrução e deu margem à resistência armada contra a sua execução nas províncias de Pernambuco, Sergipe, Alagoas, Ceará e na Paraíba, onde o levante contra a "lei do registro civil", também vulgarmente conhecida como "lei do cativeiro", ficou conhecido como Ronco da Abelha.

No Nordeste, as revoltas pressionaram autoridades identificadas com a execução das leis. Curiosamente essas autoridades eram também produtores rurais e tinham outros motivos além da pressão popular para não primar pela aplicação da lei do registro. Não queriam prestar informações precisas de quantos cativos possuíam por receio de que fossem confiscados para abastecimento de outras regiões ou de que essas informações testemunhassem o descumprimento da Lei Feijó de 1831[149], dando pistas de quantos cativos foram havidos ilegalmente[150].

148 Idem p. 83.

149 A lei de 1831 foi considerada uma lei "pra inglês ver". Após a sua edição a entrada de escravos no país aumentava a cada ano, sem muita oscilação até 1849. Para se ter uma idéia, segundo dados oficiais, a média anual de escravos ingressos no Brasil foi de 32.770, no período entre 1811 e 1820, e de 43.140, entre 1821 e 1830. Entre 1946 e 1949, a média foi superior a 50.000. No entanto, após a Lei de 4 de setembro de 1850, ingressaram no Brasil, em 1851, 1852 e 1853, respectivamente, 3.278, 700 e 512 escravos. Daí por diante foi desaparecendo. Boris Fausto. *História do Brasil.* São Paulo: Edusp. 1997, pp. 192-197.

150 Neste sentido Maria Luiza Ferreira de Oliveira. Após expor a ideia aqui divulgada a autora indaga: "diante da "pletora de leis" aprovadas em 1850-1851, diante do esforço em controlar o fim do tráfico, impor o Código Comercial, valia a pena a mobilização militar para

3.4. O casamento civil

A laicização do casamento demorou a contar com previsão no ordenamento jurídico construído a partir da outorga da Carta de 1824. Se logo nas primeiras legislaturas, a Igreja não foi esquecida pelas previsões do Direito Processual ou pelo Código Criminal, ninguém parecia à vontade em regular uma área em que o poder civil ainda não era confrontado pelo poder da Igreja. A reserva de competência dos órgãos religiosos ligados ao governo, para a celebração de casamentos, supria não só a demanda pela Administração pública nos rincões do Estado, mas também atendia ao desejo da maioria da população que professava a religião oficial. Assim como ocorreu nas demais nações católicas, qualquer proposta de alteração seria custosa e deveria ser justificada por uma real necessidade[151].

Por força da Lei de 3 de novembro de 1827, a Assembleia Legislativa resolveu manter como lei do Império as disposições do Livro 1º, título 68, §291 das *Constituições Primeiras,* autorizando os párocos a celebrar casamentos, a pedido dos noivos, dos quais pelo menos um fosse do mesmo Bispado e não houvesse entre eles impedimento, depois de praticadas, pelo pároco, as diligências recomendadas no §§ 269 e seguintes das *Constituições.*

O que a lei fazia era considerar o casamento como um sacramento e como tal regulá-lo por regras do direito canônico, com determinação expressa da observância das disposições do Concílio Tridentino sobre o tema (*De reformatione matrimonii*). Naquelas uniões celebradas entre pessoas de religiões diferentes da católica o matrimônio carecia de reconhecimento formal do Estado. Em muitos casos, como ocorria em São Paulo[152], os casamentos eram feitos por escritura pública, mas não

fazer a contagem da população do país, que afinal de contas podia acabar expondo escravos ilegais, currais eleitorais fictícios, redes clientelares manipuláveis? "Resistência popular contra o Decreto 798 ou a "lei do cativeiro": Pernambuco, Paraíba, Alagoas, Sergipe, Ceará, 1851-1852". In Monica Duarte Dantas (org.) *Revoltas, motins, revoluções: homens livres pobres e libertos no Brasil do século XIX.* São Paulo: Alameda, 2011. pp. 418-419.

151 O artigo 179, §2º da Constituição do Império prescrevia: "nenhuma lei será estabelecida sem utilidade pública".

152 Nas palavras de Eusébio de Queiroz, então conselheiro da Seção de Justiça, "em São Paulo, consta oficialmente ao Governo que não só protestantes entre si mas até católicos ignorantes tem descansado na validade de casamentos contraídos por meras escrituras, que nossas

contavam com o reconhecimento do Estado, que chancelava o monopólio da Igreja sobre essa sensível área da vida privada.

Na Seção de Justiça do Conselho de Estado, antes mesmo de ser emitida consulta a respeito do casamento de pessoas de diferentes religiões, surgiu discussão sobre a necessidade de se regular os aspectos seculares do casamento, que deixaria de receber o enfoque de um mero sacramento católico. Um caso resolvido pelo Conselho em 1849, ainda que timidamente, antecipava as questões sobre a necessidade de serem supridas as omissões legislativas a respeito do matrimônio, até então reservado apenas à competência eclesiástica.

Dois brasileiros, residentes na França, pretendiam se casar, mas não possuíam todos os documentos necessários segundo as leis francesas. Procuraram, então, a Legação brasileira em Paris, pedindo ao Ministro, como era designado o chefe da representação diplomática, a celebração do matrimônio na embaixada, suprindo a ausência de documentos.

O Ministro recusou o pedido e encaminhou ofício ao Governo. Curioso é o fato de o comunicado oficial noticiar que a prática era comum em embaixadas de outros países e que até mesmo o seu antecessor de embaixada havia permitido a celebração de casamentos na Legação Brasileira em Paris. No ofício ao Ministro dos Negócios Estrangeiros, o embaixador requereu que a questão fosse regulamentada pelo governo. O caso foi encaminhado ao Ministério da Justiça que o submeteu ao Conselho de Estado.

O interessante é notar que esta questão, debatida no Conselho antes mesmo da entrada de imigrantes protestantes no país, antecipa as discussões sobre a necessidade de regulamentação dos aspectos civis do casamento, visto que se pretendia orientação sobre como proceder para realização de casamentos nas Legações e Consulados do Brasil no Exterior.

Em seu parecer, o Conselho reconhece que o casamento deveria ser celebrado segundo as leis da igreja, com observância das formas estabelecidas pelo Concílio Tridentino, e das Leis do Império do Brasil. Por esta razão, ao passar a analisar a necessidade de regulamentação da matéria em discussão, o colegiado chancelou a recusa do embaixador na

leis não reconhecem." José Honório Rodrigues (org). Atas do Conselho de Estado. VIII. Brasília: Senado Federal: 1978, p. 335 e seguintes.

realização do casamento que, se houvesse sido celebrado, poderia, no entendimento dos Conselheiros, até mesmo ser considerado nulo.

De se notar, entretanto, que a partir dessa consulta começa a ganhar corpo a ideia de que, além de ser um sacramento e possuir reflexos religiosos, os quais foram resguardados pelos conselheiros, o casamento possuía aspectos civis que careciam de regulamentação pelo Estado:

> Entende a Seção que, sem que uma Lei defina, e separe os atos puramente civis do matrimônio considerado como contrato, e designe perante quais autoridades, e porque maneira devem eles praticar-se, o Governo de Vossa Majestade Imperial obraria com prudência se acaso se limitasse á recomendar às Legações do Brasil em Países estrangeiros, que não devem prestar-se á celebração de casamentos nas Casas das Legações senão quando simultaneamente concorrerem as seguintes circunstâncias:
>
> 1. Que ambos os nubentes sejam súbditos brasileiros:
>
> 2. Que se apresentem competentemente habilitados para contrair matrimônio com todos os documentos, e justificações, que exigem as Leis da Igreja e do Estado no Império do Brasil:
>
> 3. Que provem a impossibilidade de satisfazer ás outras condições que além das que acima ficam referidas sejam por ventura ordenadas pelas Leis do país onde residirem.[153]

Depois deste primeiro precedente, a falta de legislação a respeito do casamento civil ganhou destaque com a chegada de imigrantes protestantes, particularmente quando chegou à Seção de Justiça do Conselho de Estado o caso de Catarina Scheid, colona de origem alemã que contraíra casamento com um português católico perante padre de sua confissão religiosa, a luterana.

A discussão rendeu inúmeros debates sobre as dimensões da liberdade religiosa no Império. Abandonada pelo marido um ano após a união, Catarina Scheid queria ver declarado nulo o seu casamento, questão que segundo as regras de direito público brasileiro vigente à época deveria ser apreciada pelos tribunais eclesiásticos católicos. Declarado nulo o

[153] Caroatá. Op. Cit. 140-141.

casamento pelo bispo católico, a alemã queria a declaração de nulidade por sua própria Igreja.

Tendo de solucionar a questão da autoridade da Igreja luterana para anular o casamento, o Conselho, em parecer lavrado por Paulino José Soares de Sousa, Visconde de Abrantes e Caetano Maria Lopes da Gama, constatou a impossibilidade da anulação do casamento por autoridade que não fosse oficial. Também foi consignada deficiência da legislação brasileira, despreparada para receber um necessário fluxo de imigrantes para substituir a mão-de-obra escrava.

Diferentemente do Poder Judiciário, o Conselho podia não resolver o caso concreto e, por isso, constatou apenas a omissão da legislação, propondo a regulamentação da matéria por um projeto de lei de iniciativa do Poder Executivo que deveria ser encaminhado ao poder legislativo para regular o casamento entre pessoas de diferentes religiões e entre estas e católicos, normatizando ainda o exercício dos cultos tolerados no Império.

Em seu voto, Paulino ponderava que o casamento era regulado pelo direito brasileiro ainda como herança da antiga legislação portuguesa. Também frisava que a colonização estrangeira civilizaria o país e, por essa razão, em sua opinião, o Estado deveria garantir segurança jurídica aos estrangeiros não católicos que no Brasil contraíssem matrimônio. A liberdade religiosa não estaria assegurada se o Estado apenas admitisse como válidas as uniões celebradas entre católicos perante a Igreja oficial.

Em 29 de maio de 1856, depois de passar pela Seção de Justiça, o Pleno do Conselho de Estado reuniu-se para debater sobre projeto de lei de iniciativa do governo imperial a respeito de casamentos entre não católicos. Embora o texto de lei aprovado esteja bem longe daquilo que foi proposto, os pareceres dos conselheiros, fundamentados com base em direito comparado e justificativas históricas, deixa entrever a eficácia e abrangência dos direitos civis assegurados pela Constituição de 1824. Também demonstra os limites que o Conselho não estava disposto a transpor, aduzindo razões para garantia da estabilidade política do Império.

De autoria do senador José Tomas Nabuco de Araújo, então à frente do Ministério da Justiça (1853-1857), o projeto apresentado, tal como o Código Civil Francês, estabelecia a necessidade de ser realizado o casamento civil antes do casamento religioso. O casamento civil era suficiente para gerar todos os efeitos civis dele decorrentes, ainda que não fosse realizado o religioso.

Pelo projeto seriam admitidos casamentos entre não católicos e mistos, em que apenas uma das partes professasse a religião do Estado. Neste caso, os tribunais eclesiásticos continuariam competentes para decidirem sobre dissolução do casamento para a parte católica. Os evangélicos casados entre si ou com católicos deveriam levar a questão da dissolução aos Tribunais e Juízes do Império. O Governo também ficaria autorizado, caso fosse aprovado o projeto, a permitir a instituição de Consistórios, Sínodos, Presbitérios e Pastores Evangélicos, determinando as condições de sua existência, e exercícios, assim com as regras de fiscalização e inspeção a que ficariam sujeitos.

Na Seção de Justiça, o voto do relator Eusébio de Queiroz, acompanhado pelo Marquês de Abrantes, foi no sentido de que o casamento, além de um sacramento, deveria ser reconhecido como um contrato civil, tal como reconhecido pelo Código Civil Francês. Seu parecer, lavrado na ata de 29 de maio de 1956 do órgão pleno do Conselho, dispunha:

> Quanto aos casamentos de pessoas que estão fora do grêmio do catolicismo, que não encaram no matrimônio um sacramento, nem reconhece a autoridade da Igreja, nenhuma dificuldade religiosa pode fundadamente aparecer em estabelecê-los como contratos civis (...)
>
> A Constituição estabeleceu a tolerância religiosa para todos os cultos, uma vez que não desrespeitem a religião do Estado, e não construam templos com formas exteriores que os revelem. O país carece de colonização, e promover emigração; esta não nos vem somente de países católicos. É pois necessário providenciar de modo eficaz, porque onde vivem promiscuamente populações de crenças diversas, os casamentos mistos necessariamente aparecem; se se não regulam, vem os concubinatos, e o que é pior ainda os casamentos nulos, e irregulares, em que a inocência e a boa-fé são vítimas[154].

Todavia, o parecer era contrário ao §1º do artigo primeiro do projeto, segundo o qual o casamento civil deveria preceder ao religioso. Para os conselheiros, para evitar problemas políticos, o casamento católico

[154] José Honório Rodrigues (org).op. cit., p. 335.

deveria bastar por si mesmo e nada deveria precedê-lo. Entendeu a Seção que a precedência do casamento civil sobre o casamento católico poderia gerar descontentamento por parte dos ultramontanos, o que certamente dificultaria a aprovação do projeto. Eusébio de Queiroz advertia em seu voto

> que a inovação deve limitar-se ao que for absolutamente dispensável. Assim a respeito do casamento entre católicos, entende que deve se manter o estado atual, e nisto vai de acordo com o pensamento do projeto. Não desconhece a Seção a necessidade de algumas providências para evitar abusos, que se tem tornado infelizmente frequentes; mas os meios, e o modo de o realizar devem fazer parte de trabalho especial, e não deste Projeto, porque seria complicar sem necessidade questões já em si difíceis, e delicadas (...)
>
> A exigência da legislação francesa, querendo que o casamento civil preceda ao religioso mesmo entre católicos, e de tal sorte que os padres que o celebrarem sem esta precedência fiquem sujeito a penas, não é uma necessidade absoluta, e conforme os princípios acima expostos pela Seção, não se deve por isso adotar; ao menos se que precedam negociações com a Santa Sé, que não é de certo muito favorável a esses princípios[155].

O voto também notava a omissão do projeto de governo no que dizia respeito aos impedimentos matrimoniais, que ainda eram regulados pelas disposições do Concílio de Trento e só restringiam as uniões entre católicos. Eusébio de Queirós propôs, então, que aos não católicos fossem aplicados os impedimentos regulados no Código Civil Francês, devendo os impedimentos do Direito Canônico serem observados por aqueles que pretendiam se casar perante o culto católico.

Após os debates e lavratura da ata, a questão dormitou na Câmara dos Deputados e somente em 11 de setembro de 1861 foi sancionada lei estendendo efeitos civis aos casamentos celebrados entre pessoas que professavam religião diferente da do Estado. A lei ainda regulava o registro civil destes casamentos e dos nascimentos e óbitos dos não católicos, bem como as condições necessárias para que os pastores das

[155] Idem. 335.

religiões toleradas praticassem atos com efeitos civis. Contudo, a lei silenciava a respeito dos casamentos mistos.[156]

Pouco mais de um ano depois de discutir o caso de Catarina Scheid, o Conselho resolvia, em novembro de 1857, com semelhante solução, outro caso a ele submetido envolvendo a matéria de casamentos. Tratava-se de representação do Presidente da Província de Santa Catarina, provocada pelo Juiz de Órfãos da cidade do Desterro, que havia se insurgido contra o procedimento do pároco da cidade que celebrou matrimônio de órfã de 14 anos sem autorização judicial.

Após a celebração do matrimônio, o pároco foi acusado de violar o artigo 247 do Código Penal que, sob a rubrica "celebração do matrimônio contra as Leis do Império", descrevia como crime a conduta de "receber eclesiástico em matrimônio contraentes não habilitados pelas Leis". Defendendo-se, o padre alegou que uma instrução pastoral de 1844 permitia a celebração do casamento e que a única consequência de um matrimônio celebrado sem a autorização do juiz de órfãos seria a aplicação a estes da pena de ordenação, que consistia na impossibilidade do menor ter acesso aos seus próprios bens antes de completados vinte anos de idade.

Mais uma vez uma discussão entre o poder civil, amparado pelo ordenamento secular, e o poder eclesiástico, fiado nos Cânones, deveria ser

[156] Lei 1.144 de 11 de setembro de 1861. **Art.** 1º Os effeitos civis dos casamentos celebrados na fórma das Leis do Imperio serão extensivos: 1º Aos casamentos de pessoas que professarem Religião differente da do Estado celebrados fóra do Imperio segundo os ritos ou as Leis a que os contraentes estejão sujeitos. 2º Aos casamentos de pessoas que professarem Religião differente da do Estado celebrados no Império, antes da publicação da presente Lei segundo o costume ou as prescripções das Religiões respectivas, provadas por certidões nas quaes verifique-se a celebração do acto religioso. 3º Aos casamentos de pessoas que professarem Religião differente da do Estado, que da data da presente Lei em diante forem celebrados no Imperio, segundo o costume ou as prescripções das Religiões respectivas, com tanto que a celebração do ato religioso seja provado pelo competente registro, e na fórma que determinado fôr em Regulamento. 4º Tanto os casamentos de que trata o § 2º, como os do precedente não poderão gozar do beneficio desta Lei, se entre os contrahentes se der impedimento que na conformidade das Leis em vigor no Imperio, naquillo que lhes possa ser applicavel, obste ao matrimonio Catholico. **Art.** 2º O Governo regulará o registro e provas destes casamentos, e bem assim o registro dos nascimentos e obitos das pessoas que não professarem a Religião Catholica, e as condições necessarias para que os Pastores de Religiões toleradas possão praticar actos que produzão efeitos civis. **Art.** 3º Ficão revogadas as disposições em contrario. (Mantida a grafia original)

analisada pelo Conselho. Pesou na resolução da controvérsia o fato de ainda não haver lei civil a respeito do casamento, impossibilitando a configuração do crime do Código Penal.

Lamentando, o Procurador da Coroa esclarecia que o Estado havia deixado "inteiramente livres as Leis Canônicas sobre os esponsais e celebração dos casamentos"[157]. A conclusão dos Conselheiros Visconde do Uruguai, Euzébio de Queiróz e Visconde de Maranguape foi que não poderia o padre ser incurso nas penas do artigo 247 do Código Penal, pois este dispositivo punia o eclesiástico quando este celebrasse o casamento de contraentes não habilitados *pelas Leis* e estas, em assunto de casamento, eram apenas as Canônicas, razão pela qual a conduta do padre não se subsumia ao tipo penal.

Em consonância com precedente da Seção de Justiça sobre o assunto, a conclusão do Procurador da Coroa e a palavra final dada pelos Conselheiros da Seção de Justiça novamente foi a de que não havia lei regulando a matéria, o que deveria ser providenciado pelo Poder Legislativo, mantendo o entendimento dos casos precedentes. Todavia, a justificativa dada não foi a necessidade de regular a situação daqueles que não professavam outras religiões que não a oficial, mas coibir abusos que de longa data vinham sendo praticados pela igreja, segundo considerou o Procurador da Coroa antes da solução dos Conselheiros:

> A Legislação antiga, ainda hoje em vigor, respeita sem reserva alguma o Direito Canônico sobre a liberdade dos Esponsais.
>
> (...) o negocio se tem tornado muito grave, e digno de eficaz, e pronta providência,- pelos perniciosos exemplos, que vão se multiplicando, se são verdadeiras, como parece, as queixas, que sucessivamente se ouvem, de casamentos de menores, ilegitimamente celebrados, assim como de casamentos contraídos *in articulo mortis,* donde provém incalculáveis desordens e danos às famílias e à Sociedade em geral.
>
> (...) uma vez que os Prelados Diocesanos não coíbam os Párocos, e outras Autoridades Eclesiásticas e as constranjam ao cumprimento de seus deveres, punindo exemplarmente os contraventores, como faziam os desses tempos, a que aludo, é indispensável uma medida previdente, que ponha termo a tais abusos, a qual só pode manar do Poder Legislativo.[158]

[157] Caroatá. Op. cit. p. 769.

[158] Idem pp. 768-769.

Com relação à questão do casamento civil pode-se claramente perceber qual a efetividade dos debates do Conselho de Estado para a construção e inovação do ordenamento. O órgão tinha papel importante na interpretação das leis criadas e na identificação de lacunas. Desempenhava um papel relevante ao traçar orientações gerais diante de casos concretos que eram divulgados em revistas jurídicas, formulando, na ausência de jurisprudência, entendimentos que eram seguidos por Juízes e Tribunais.

Todavia, embora fosse acompanhada pela comunidade jurídica, nem sempre a opinião dos Conselheiros era seguida à risca pelo Poder Legislativo[159]. Com relação ao casamento civil, por exemplo, o texto de lei efetivamente aprovado denota que as opiniões dos Conselheiros não foram integralmente seguidas pelo Parlamento[160], demonstrando o grau de independência do Poder Legislativo frente ao Poder Moderador. Ao mesmo tempo, o resultado realça o papel do Conselho de Estado como órgão consultivo produtor e veiculo de cultura jurídica durante o segundo Império.

Mas não foi só no Conselho de Estado que a ausência de legislação acerca do casamento dos não católicos e dos casamentos mistos seria sentida. No ano de 1860 ganhou repercussão com uma discussão teórica entre Teixeira de Freitas, autor do Esboço de Código Civil, e o jurista

[159] Dos casos apresentados se pode concluir que os debates em torno do casamento civil ocorridos no Conselho de Estado são emblemáticos da sua maneira de atuar no campo político e demonstra bem aquilo que foi notado por Maria Fernanda Vieira Martins no sentido de que a argumentação legal e o reconhecimento da importância da lei na manutenção da ordem e controle da vida pública tiveram sempre um peso fundamental nos pareceres e nas discussões conduzidas no Conselho pleno. Entretanto, embora essas consultas fossem motivadas por questões pontuais provenientes de origens diversas, terminavam por levantar discussões mais amplas que, frequentemente, preferia-se que se mantivessem em um âmbito restrito, para evitar o acirramento de debates apaixonados. Nesse sentido, a lei era usada para justificar um posicionamento em questões cujo teor principal era essencialmente político, embora tivessem também o papel de identificar as lacunas que geravam dúvidas e conflitos e que, em essência, referiam-se a problemas estruturais. *A velha arte de governar: um estudo sobre política e elites a partir do Conselho de Estado (1842-1889)*.Tese de doutorado. Campinas, UNICAMP, 2005, p. 329.

[160] Miriam Dolhnikoff, ao analisar a questão da autonomia das Assembleias para legislar sobre aposentadorias "o poder de intervenção do Conselho de Estado era bastante limitado" (...) "a palavra final era dada pelo Parlamento". *O pacto imperial: origens do federalismo no Brasil.* São Paulo: Globo, 2005, p 244-245.

Húngaro, radicado no Brasil, Carlos Kornis Totvárad. Os debates entre os dois ganharam as páginas do *Diário Mercantil* dos dias 8, 10 e 11 de agosto e do Diário do Rio de Janeiro dos dias 9 e 10 de agosto[161].

Após obter notoriedade por sua *Consolidação das Leis Civis*, elaborada entre 1855 e 1858, Freitas foi contratado em 1859 para a elaboração de um Código Civil. Em seu projeto, por ele chamado de *Esboço*, ao regular o casamento, estabeleceu três diferentes formas de celebração: na Igreja Católica, quando celebrado entre católicos; a celebração mediante a autorização da Igreja Católica, para os casamentos mistos, quando os consortes se submeterem aos seus ritos; e a celebração com observância das disposições prescritas na Lei para casamentos mistos e quando ambos os consortes não professassem a religião católica.

Não foram as críticas feitas por Totvárad, no sentido de que o projeto de Freitas privilegiaria a posição da Igreja Católica em detrimento das demais religiões e também possibilitaria casos de bigamia, uma vez que a mesma pessoa poderia casar perante a Igreja e o Estado, que impediram a tramitação do *Esboço*, mas certamente contribuíram para o debate acerca do casamento e, principalmente, da liberdade religiosa e da conveniência da manutenção da religião católica pelo Estado brasileiro na segunda metade do século XIX.

Foi necessária a alteração dos comportamentos[162] e intensos debates na comunidade letrada para que a opinião pública não sentisse como abrupta uma alteração nas disposições sobre o direito de família.

[161] V. Sílvio Meira. *Teixeira de Freitas: o jurisconsulto do Império — vida e obra*, 2ª edição, Brasília, Cegraf, 1983, pp. 209-217.

[162] Quanto aos comportamentos, a partir da análise do movimento sazonal dos nascimentos, Luiz Felipe de Alencastro notou uma mudança no comportamento sexual na segunda metade do século XIX que "confirma a laicização da vida privada ao longo do período imperial". Recuando nove meses as datas de nascimento, o autor constatou que, ao longo do período colonial e da primeira metade do século XIX, houve uma nítida queda no número de concepções em dois meses do ano, dezembro, em que os fieis dedicavam-se ao preparo espiritual para o Natal, e março, mês da Quaresma e época de penitência. Essa particularidade sazonal desaparece, indicando que "os casais brasileiros pareciam mais inclinados a gozar o ano inteiro dos prazeres da terra do que desfrutar eternamente dos prazeres do Céu" "Vida privada e ordem privada no Império" *in* NOVAIS, Fernando A.(Coord) e ALENCASTRO, Luiz Felipe de (Org.), *História da vida privada no Brasil v.2. Império: a corte e a modernidade nacional.* São Paulo: Companhia das Letras, 1997, p. 59.

A ausência de regulação sobre os casamentos civis levou homens e mulheres a contraírem união por escritura pública sem nenhuma validade legal.

Com o fim do tráfico de escravos e a consequente entrada no país de imigrantes não católicos como alternativa à mão-de-obra cativa, foram expostos os problemas que decorriam do fato da exclusividade da Igreja Católica como única autoridade competente para a celebração de matrimônio. Desde então, foram fomentados os debates sobre o tema pela elite política e jurídica do Império, despertando o Governo Imperial para a necessidade de regulação do casamento civil.

O Esbóço de Teixeira de Freitas não chegou a ser debatido no Parlamento como um projeto de Lei e a legislação sobre o casamento civil, aprovada em 1861, perpetuou-se até o advento da República, quando o Estado deixou de ser confessional para ser laico.

Pode-se dizer, com o apoio em pesquisas recentes, que ao lado da questão da difícil classificação do elemento servil na ordem jurídica[163] e da existência de um Código Comercial, que serviu em parte como direito privado comum enquanto não surgiu o Código Civil[164], "essa questão dos casamentos civis não se pode esquecer como fundamental nos obstáculos à edição do Código Civil"[165].

3.5. O registro das propriedades

Fora os assuntos de família, a presença da Igreja seria notada, desde a fundação do Império, secundando as atividades do Estado em outra área de regulação dos direitos privados, cujo interesse público de implementação preponderava.

Assim foi que o regulamento 1.318 de 30 de janeiro de 1854, ao disciplinar os meios de execução da discriminação das terras devolutas e

[163] Keila Grinberg. *O fiador dos brasileiros. Cidadania, escravidão e direito civil no tempo de Antonio Pereira Rebouças*. Rio de Janeiro, Civilização Brasileira, 2002.

[164] José Reinaldo de Lima Lopes. *O Direito na História*. São Paulo: Atlas. 3ª edição, p. 271. No mesmo sentido o recente artigo de Paola D'Andretta Iglezias, "A legislação comercial e o movimento de Codificação Civil no Segundo Reinado" p. 169-186, in Mota, Carlos Guilherme e Ferreira, Gabriela Nunes. *Os juristas na formação do Estado- Nação brasileiro. 1850-1930*. São Paulo: Saraiva, 2010.

[165] José Reinaldo de Lima Lopes. *O oráculo de Delfos. O Conselho de Estado no Brasil-Império*. São Paulo: Saraiva, 2010, p. 279.

da legitimação do domínio particular pela posse, estabelecidos pela Lei 601 de 18 de setembro de 1850, a Lei de Terras, previu, no artigo 97, a incumbência dos vigários, em suas respectivas freguesias, realizarem o registro a que estavam obrigados todos os possuidores[166].

Para a execução da Lei de Terras, os vigários deveriam alertar todos os possuidores da necessidade de registrar a posse de suas terras, declarando que nela habitavam e cultivavam, para distingui-las das devolutas. Ainda incumbia aos vigários manter livros de registros e conservá-los nos arquivos da paróquia para depois remetê-los ao Diretor Geral das Terras Públicas para a constituição do registro geral das terras possuídas no Império.

Em verdade, a forma como eram feitos os registros, mediante vagas declarações, sem a definição dos limites das terras possuídas, proporcionou fraudes e grilagem de terras, na contramão da segurança jurídica; esta, para garantir empréstimos dos capitais não mais empregados no tráfico de escravos, demandava a publicidade e a especialização dos registros, alcançadas somente com a Lei 1.247, de 24 de setembro de 1864, reformuladora do sistema hipotecário.

A diferença entre a Lei Hipotecária e o registro do vigário era que enquanto este apenas declarava a condição de possuidor em demonstração de uma situação fática, a hipoteca constituía um direito, conferindo legitimidade à propriedade. Essa característica já chamava a atenção dos juristas coevos.

Elaborada logo após a edição do Regulamento 1.318 de 30 de janeiro de 1854, a *Consolidação das Leis Civis* de Augusto Teixeira de Freitas, "com feliz aceitação das Repartições, dos Tribunais e Juízos do Império", como lembrava o próprio autor ao solicitar ao Ministro da Justiça autorização para publicar a terceira edição, registrava a impressão de que o registro do vigário possuía apenas caráter informativo:

> Regul. nº 1318 de janeiro de 1854 Arts. 91 e seg. Com esse registro nada se predispõe, como pensão alguns, para o cadastro da propriedade imóvel, base do regime hipotecário germânico. Teremos uma simples

[166] Art. 97. Os vigários de cada uma das freguesias do Império são os encarregados de receber as declarações para o registro de terras, e os incumbidos de proceder a esse registro dentro de suas freguesias, fazendo-o por si, ou por escreventes, que poderão nomear ou ter sob sua responsabilidade.

descrição estatística, mas não uma exata conta corrente de toda a propriedade imóvel do país, demonstrando sua legitimidade e todos os seus encargos. O sistema cadastral é impossível entre nós[167].

Com o registro do vigário o Governo Imperial tinha por finalidade utilizar as igrejas espalhadas pelo território para melhor conhecê-lo, estremando as terras públicas daquelas particulares. O registro emanado da autoridade eclesiástica, embora tenha dado azo a pretensões de legitimação de terras, foi concebido apenas com o caráter informativo. Ainda não tinha por finalidade fazer frente à demanda por mercantilização das terras que fomentou poucos anos mais tarde o aprimoramento da legislação hipotecária, criando as primeiras condições necessárias para a organização registral.

3.6. A igreja e os direitos políticos

O sistema representativo fundado pela Carta de 1824 e mantido pelo Ato Adicional estabelecia que as eleições obedeceriam a critérios censitários e seriam realizadas em dois escrutínios. Os votantes, considerados aqueles com renda líquida mínima anual de 100$000 rs, escolhiam os eleitores, cidadãos que, com renda líquida mínima anual de 200$000 rs, estavam aptos a escolher os deputados.

Embora haja correntes historiográficas com grande projeção nos cenários nacional e internacional, tidas como clássicas, que enfatizam a manipulação das eleições tanto pelo governo central[168] quanto pelos poderes locais[169] como sua nota característica, cumpre frisar que o sistema eleitoral adotado pela monarquia constitucional brasileira estava em sintonia com as práticas das nações europeias onde o modelo liberal de representação popular avançara.

[167] Augusto Teixeira de Freitas. Consolidação das Leis Civis. 3ª edição. Rio de Janeiro: H Garnier, Livreiro-Editor, 1896, pp. 533-534.

[168] Ver Holanda, Sérgio Buarque de. *História Geral da Civilização Brasileira. Tomo II: O Brasil Monarquico. Volume 7: Do Império à República.* Rio de Janeiro: Bertrand Brasil, 2005 e tambémJosé Murilo de Carvalho. *A Construção da ordem; teatro de sombras.* Rio de Janeiro: UFRJ — Relume Dumará, 1996.

[169] Graham, Richard. "Formando um gobierno central: las elecciones y el orden monárquico em el Brasil delsiglo XIX" In. Annino, Antonio (coord.) *Historia de los Elecciones em Ibero América, Siglo XIX.* México: Fondo de Cultura Economica, 1995.

No arranjo das forças políticas, não se deve ignorar que, ao lado dos militares e dos magistrados, "os padres constituíam um dos mais importantes setores da burocracia do Império"[170], mas uma leitura tradicional do papel da participação do poder eclesiástico na organização do sistema de escolha de representantes políticos da nação poderia levar a uma visão equivocada de que os padres levavam a mensagem do Estado para as suas paróquias, utilizadas como critério de circunscrição política ou de que "a Igreja auxiliava o Estado no controle social nos rincões e garantia que as eleições, sediadas pelas igrejas, seguissem o roteiro traçado na corte"[171].

Havia, sim, como vimos acima, desempenho pela Igreja de algumas tarefas que aos poucos foram sendo assumidas pelo Estado, mas daí à equivocada ideia de que o sistema representativo era maculado pela manipulação das eleições pelo governo central com o auxílio da igreja ou a tese de que o clero, sob o comando do governo central, mitigava a força das Assembleias Provinciais, cuja autonomia foi desenhada após a abdicação e consolidada com o Ato Adicional, há uma grande distância. Isso porque desconsideraria que a falta de um equilíbrio institucional poderia prejudicar tanto aos poderes locais quanto ao Governo central e, por isso, havia uma predisposição na correção das falhas do sistema representativo pelo próprio Estado.

O Decreto nº 157, de 4 de maio de 1842, que no segundo reinado dava as "instruções sobre as maneiras de proceder às eleições gerais", estabelecia a paróquia como critério territorial de organização eleitoral, mantendo a mesma linguagem do decreto de 26 de março de 1824, mas criava um sistema de qualificação primária dos votantes. No processo eleitoral "a qualificação dos votantes era uma etapa estratégica (...) a influência no resultado eleitoral dependia da decisão sobre quem poderia exercer o direito de voto".[172]

Ao lado do delegado ou do subdelegado, nomeados pelo governo central, e da importante figura do juiz de paz, que mesmo após a política

[170] José Murilo de Carvalho. *A Construção da ordem; teatro de sombras*. Rio de Janeiro: UFRJ — RelumeDumará, 1996, p. 190.

[171] Angela Alonso. "Apropriação de ideias no Segundo Reinado." In Grinberg, Keila e Salles, Ricardo. *O Brasil imperial 1870-1889*. Rio de Janeiro: Civilização Braisileira, 2009, p. 94.

[172] Miriam Dolhnikoff. *O pacto imperial: origens do federalismo no Brasil*. São Paulo: Globo, 2005, 108.

do regresso continuava sendo eleito localmente, estavam encarregados do alistamento eleitoral os vigários. Outros atos do processo eleitoral ocorriam em ambiente religioso, tal como a eleição da mesa paroquial, encarregada da coleta dos votos, ocorrida sempre após uma cerimônia religiosa realizada na Igreja Matriz com essa finalidade.

Todavia, embora os clérigos estivessem subordinados ao Imperador, a proporção de composição da junta de qualificação não pode ser um indicativo de que o fiel da balança pendia sempre para o lado do governo central. Além da côngrua paga pelo governo, os vigários dependiam sempre das benesses recebidas de ricos fazendeiros, quase sempre autoridades locais, e não era difícil que os religiosos, no desempenho da função civil de qualificar o votante, lembrassem-se do dízimo legitimamente pago pelos seus conterrâneos.

O governo imperial reconhecia a influência dos poderes locais sobre os clérigos. Aos poucos, em vez de pensar em um aparato legal que os deixassem mais dependentes da côngrua, como chegou a ser ensaiado na resolução tomada em 30 de setembro de 1854 pela Seção de Justiça do Conselho de Estado[173], sugerindo ao Poder Legislativo a criação de uma aposentadoria aos padres, optou-se por estremar das funções religiosas as civis exercidas pelos clérigos, consolidando aos poucos o entendimento de que estes deviam total obediência ao poder temporal, fincando, assim, as bases para secularização neste ponto da legislação.

Em 19 de agosto de 1846, simbolicamente na mesma data em que uma lei "veio apenas regularizar, metodizar a ideia cujo gérmen estava nas instruções de 4 de maio de 1842"[174], a Seção de Justiça do Conselho de Estado emitiu consulta sobre a representação do Bispo de São Paulo contra ato do presidente daquela província que suspendeu o pároco da vila de Mogi-Mirim, após ter recebido denúncia de que ele fraudou a lista das pessoas aptas a votarem nas eleições, excluindo quem detinha capacidade eleitoral e incluindo pessoas consideradas pela lei incapazes de votar.

Na suspensão, o presidente da província afastou o pároco não só das funções civis que lhe cabia exercer (registros, participação no processo

173 Caroatá. Op cit. 488-490.

174 Souza, Francisco Belisário Soares de. O sistema eleitoral no Império: com apêndice contendo a legislação eleitoral no período de 1821-1889. Brasilia: UnB, 1979, p. 25.

eleitoral etc), como das suas funções paroquiais. O Bispo Diocesano, ao ser comunicado da ordem, entendeu não ter o presidente da província autoridade para suspender as funções eclesiásticas do pároco e determinou que este retomasse suas funções religiosas. Em seguida, representou ao Governo Imperial imputando ao presidente da província "o intento de o obrigar a remover párocos para facilitar o triunfo eleitoral do partido que apelida dominante".

Precedendo aos conselheiros na emissão da opinião, o Procurador da Coroa analisou a questão como um conflito de atribuições entre o "Delegado do Imperador, encarregado de representar a Província que lhe foi confiada" e o "representante da Igreja Católica, Apostólica, Romana, Religião do Estado", este estribado na "Antiga legislação e ordens", que remontavam às ordenações, e o primeiro no Ato Adicional que lhe assegurava ser a primeira autoridade na província. Neste ponto, integralmente mantido pelos Conselheiros Honório Hermeto Carneiro Leão, Bernardo Pereira de Vasconcellos e Caetano Maria Lopes Gama, o parecer do Procurador da Coroa entendia que o presidente da Província havia avançado em suas competências, uma vez que, em respeito a liberdade de consciência, não lhe caberia decidir sobre as funções espirituais do clérigo.

> Nem o justifica a consideração de que, pela citada Lei de 1834, é ele a primeira Autoridade da Província, a que todas as outras estão subordinadas, porquanto, não tinham os Legisladores, que, como os Brasileiros se regulam pela Constituição do Estado, e que sabem respeitar a liberdade de consciência, direito de subordinar, isto é, de sujeitar o poder espiritual e os empregados que o exercem às Autoridades temporais. Nem porque o Presidente pode mandar proceder contra um Pároco que abusa das funções temporais, que lhe cometem as Leis civis, se pode inferir que é ele seu subordinado em matérias espirituais[175].

O mais interessante nessa consulta, a primeira da Seção de Justiça que analisa conflito de atribuição entre o poder temporal e a igreja, não é a constatação da fraude eleitoral, mas a delimitação entre o poder civil e o eclesiástico em relação às suas funções não espirituais. "Deve-se levar

[175] Caroatá. Op. cit. 87.

em consideração que as denúncias contra abusos eleitorais faziam parte do jogo político do século XIX; a própria ideia de inautenticidade do processo era, muitas vezes, utilizada pelo lado derrotado como um meio de deslegitimar a vitória dos adversários."[176]

Com efeito, o Conselho de Estado, órgão do poder central, não estava preocupado em garantir que o clero, remunerado pelos cofres do Império, atuasse em detrimento dos poderes locais. Pensava-se mais em corrigir os desvios do sistema eleitoral com a regulamentação da atuação da Igreja neste processo, o que importava sempre em realçar a preponderância do poder civil sobre o eclesiástico e em delimitar suas funções, mantendo-se o pacto constitucional em vistas à estabilidade do Império.

Em abril de 1847, os mesmos conselheiros que resolveram a consulta anterior opinam em consulta feita pelo Bispo de Pernambuco sobre o seu direito de influenciar na criação, divisão e extinção de paróquias. De maneira geral, o que estava novamente na pauta era o delineamento das competências do poder civil frente ao poder da Igreja, porquanto o Bispo reclamava por não ter sido ouvido na criação e divisão de paróquias naquela província e pedia ao Governo Imperial a suspensão da execução das leis locais.

No desenho dos poderes acertados pelo Ato Adicional de 1834 e mantido mesmo após a política do regresso, ao lado do presidente da província, nomeado pelo governo central, as assembleias provinciais eram expressão das elites locais.

Diante da ausência de legislação específica a respeito da necessidade de audiência dos Bispos na criação das circunscrições eclesiásticas, os conselheiros se socorreram dos "usos e estilos da Igreja Brasileira" e buscaram nas práticas políticas internacionais, com menção expressa ao sistema concordatário francês, argumentos contra a interpretação dos canonistas de que nenhuma paróquia deveria ser criada sem que intercedesse a autoridade eclesiástica.

> Nem consta á Secção que em algum Estado Católico estejam em literal observância os Santos Cânones citados; em todos eles tem sido os

[176] Saba, Roberto N. P. F. " As "eleições do cacete" e o problema da manipulação eleitoral no Brasil monárquico." *Almanack*. N. 02, p. 126-145, 2º semestre de 2011, p. 129.

> mesmos Cânones mais ou menos modificados, segundo os usos e estilos de cada Igreja, sem que se tenha considerado infringido o dogma ou a disciplina substancial da Igreja universal.[177]

Pesou entre os argumentos o fato de no período da monarquia portuguesa, em que o "Tribunal de Consciência e Ordens"[178] era incumbido da criação de novas paróquias, deveria ouvir a autoridade eclesiástica, "quando assim lhe parecia". A opinião do Bispo neste processo sequer era vinculativa, preponderando os interesses das Assembleias provinciais.

> Nunca se reputou indispensável para as criações e alterações de Paroquias a intervenção dos Bispos: nunca os Bispos, durante a união do Brasil com Portugal criaram Freguesias e lhes assignaram território, como deveriam ter feito, se os Santos Cânones, na parte em que atribuem aos Bispos autoridade ampla para erigir novas Freguesias e alterar as existentes, não tivessem sido modificados pelo direito do Padroado e pela disciplina da Igreja Brasileira. Inalterável continuou este estilo desde a Independência até o Ato Adicional, que, como que lhe veio dar mais força, autorizando as Assembleias Provinciais a legislarem sobre a divisão eclesiástica.[179]

Ponderavam os conselheiros que, na medida do possível, deveriam os bispos ser ouvidos pelas autoridades provinciais na oportunidade em que as paróquias fossem criadas e divididas, mas advertiam que se isso não ocorresse não haveria nulidade alguma, pois "os Reverendíssimos Bispos não devem considerar como ofensa do Poder Espiritual o estilo

[177] Caroatá. Op. cit. p. 116.

[178] A extinção da Mesa do Desembargo do Paço e da Consciência e Ordens ocorreu pela Lei de 22 de setembro de 1828 como decorrência do comando constitucional que determinava a criação de um Supremo Tribunal de Justiça no Império. As funções administrativas da Mesa de Consciência e Ordens foram assumidas pelo Ministério da Justiça e, em seguida, a partir de 1860, pelo Ministério do Império, que passou a decidir sobre assuntos eclesiásticos. Segundo Guilherme Pereira das Neves, " a extinção da Mesa de Consciência e Ordens, pela lei de 22 de setembro de 1828, encontra-se inserida em uma série de outras decisões que configuram uma certa reorganização do poder central, balizada pela Constituição de 1824 e promovida pela inauguração efetiva do regime parlamentar, com a instalação da primeira legislatura em 6 de maio de 1826". *E receberá mercê: a Mesa de Consciência e Ordens e o Clero secular no Brasil — 1808-1828*. Rio de Janeiro: Arquivo Nacional, 1997.

[179] Caroatá. Op. Cit,p. 116.

mencionado. Este poder está salvo e no ponto que lhe é mais essencial, qual a missão e instituição canônica do sacerdote que há de reger a nova Freguesia. Esta missão é somente o Bispo quem a dá"[180].

A solução encontrada revelava a preponderância do poder civil frente ao eclesiástico. Optou-se pelo respeito à Constituição do Império, mantendo-se o sistema do padroado ao mesmo tempo em que preservava as competências das Assembleias Provinciais. Compor com o Bispo com vistas a influenciar nas decisões locais não era a intenção do governo imperial, preocupado apenas em fazer prevalecer o poder civil sobre o eclesiástico.

José Murilo de Carvalho, referindo-se à reforma eleitoral ocorrida logo depois da questão religiosa, lembra que "em 1875, por exemplo, vigários e bispos, que no Império eram também funcionários públicos, foram impedidos de se candidatar em suas próprias paróquias e bispados"[181].

As sucessivas reformas do sistema eleitoral que se seguiram até a edição da Lei 3.029, de 9 de janeiro de 1881, conhecida como Lei Saraiva, conferiram à Igreja espaço em suas previsões. O Decreto nº 2675 de outubro de 1875 ainda fazia menção às "juntas paroquiais" e aos "eleitores da paróquia", mas era uma mera referência à tradição que desde a colônia utilizava a paroquia como critério de competência, referindo-se à extensão da jurisdição dos agentes políticos em determinada região. O vigário já não intervinha mais na qualificação dos votantes.

Somente em 1881, após os debates que culminaram na elegibilidade dos não católicos pela Lei Saraiva (Decreto 3029 de 9 de janeiro de 1881), a Igreja deixou de participar do processo eleitoral. Aqui deve se ter claro que o conteúdo normativo veiculado nestes diplomas legais relacionados ao processo eleitoral é eminentemente de direito constitucional, repercutindo com profundas mudanças estruturais nas instituições.

Dentre as mudanças surgidas em meio a uma "maré em favor do estado laico"[182], que dois anos antes havia dispensado do juramento católico todo o pessoal docente e administrativo do ensino primário e

[180] Caroatá. Op. Cit.

[181] Op. cit. p. 147.

[182] Roque Spencer M. de Barros. "Vida religiosa". In: HOLANDA, Sérgio Buarque de. *O Brasil Monárquico, v. 6. Declínio e queda do Império.* Rio de Janeiro, Bertrand Brasil, 2004, p. 390.

secundário (artigo 25 do decreto de 19 de abril de 1879), a nova lei eleitoral, além de abolir o voto indireto e o alistamento de ofício daqueles que a seu critério detinham capacidade eleitoral, substituiu o critério territorial de competência da paróquia pelos mesmos critérios utilizados pelo judiciário (termos e comarcas)[183] e determinou que o alistamento eleitoral fosse feito pelos juízes de direito após preparo do expediente por juiz municipal, afastando clérigos desse processo (artigos 6º a 9º).

É certo que os dogmas religiosos não se misturavam com os interesses em disputa no processo eleitoral. Ainda era consenso entre os envolvidos na fixação das diretrizes políticas que a religião (não unicamente a católica) constituía o fundamento moral da sociedade, porém, os últimos acontecimentos do Império, principalmente a questão dos bispos, que inaugurara o último quartel do século XIX, mostraram ser mais conveniente às razões de Estado separar a crença da política.

3.7. As discussões em torno da liberdade religiosa

Depois que começaram a chegar ao Brasil os primeiros imigrantes europeus, muitos dos quais professavam religião diversa daquela oficialmente adotada pela Constituição Imperial, surgiu no cenário jurídico brasileiro discussões sobre o tema da liberdade religiosa. Muitas vezes o assunto surgiu incidentalmente, como meio para solucionar um caso concreto submetido ao Conselho de Estado, como ocorreu quando a Seção de Justiça emitiu consulta sobre o caso de anulação do casamento da protestante Catarina Scheid, visto acima.

Cinco anos mais tarde, em consulta de 26 de maio de 1862, a Seção de Império do Conselho de Estado, a quem já competia a solução de casos sobre direito eclesiástico, composta pelos Conselheiros Pimenta Bueno, Visconde de Sapucai e pelo Marques de Olinda, emitiu parecer sobre o requerimento de uma comunidade evangélica alemã que, na qualidade de associação religiosa, pediu aprovação de seus estatutos.

A comunidade, que já existia desde 1838 e foi engrossada com a maior intensidade do fluxo de imigrantes a partir da segunda metade do século, entendeu que, com a edição do Decreto 2711 de 19 de dezem-

183 O termo paróquia ainda aparece, mas como referência ao domicílio dos eleitores e não mais como critério de fixação de competência das autoridades envolvidas no alistamento.

bro de 1860, pelo qual o governo estabeleceu regras para a criação e organização de bancos, sociedades anônimas, companhias e sociedades de toda e qualquer qualidade sem firma social e associações religiosas, deveria submeter seus estatutos para aprovação estatal.

Os Conselheiros entenderam que o assunto era de grande importância e mereceria análise acurada. Pimenta Bueno, como relator, opinou que a questão deveria ser solucionada para servir de "precedente" e "base para as relações e polícia dos cultos dissidentes". Entendia ele que a Constituição ao dizer, em seu artigo 5º, que os cultos não católicos eram "permitidos", e não "tolerados", atrelou o funcionamento dos demais cultos ao aval, à "permissão", do governo.

Já um expoente no campo do direito constitucional, Pimenta Bueno justificava sua preocupação em solucionar a questão em razão do "número sempre crescente de estrangeiros, súditos de outros governos, que residem e virão residir temporariamente no império, e que nele quererão exercer o seu culto durante sua residência"[184].

Com opinião diversa daquela esposada por Visconde do Uruguai quando emitiu parecer sobre o casamento de protestantes, Pimenta Bueno não escondia o seu pessimismo com relação ao fato de que os imigrantes trariam necessariamente o convívio com outras religiões e que isso poderia, em seu entendimento, gerar "dissensões" ou "desgraças públicas" que deveriam ser evitadas com a um "regulamento sobre a polícia dos cultos".

Todavia, apesar do tom áspero com que lidava com a possibilidade de profusão de outros cultos, entendia que o ordenamento garantia ao Estado, e somente a este, a possibilidade de intervenção em matéria de culto como exceção:

> Nem a constituição, nem o código criminal, nem alguma outra lei que ela conheça estabeleceu limites alguns quanto à doutrina ou dogmas das religiões senão os seguintes:
>
> 1º Que respeite as leis do Estado e não ofenda a moral pública e consequentemente a paz pública. (Constituição art. 179, e Cod. Crim. art. 191).

[184] *Consultas do Conselho de Estado sobre negócios eclesiásticos compiladas por ordem de S. Ex. Sr. Ministro do Império*, Tomo III, Rio de Janeiro: Tipographia Nacional, p. 7.

> 2º Que não ensine doutrinas, que diretamente destruam as verdades fundamentais da existência de Deus, e da imortalidade da alma.
>
> Vistas estas únicas limitações, parece que o governo só terá de entrar *à priori* no exame dos respectivos dogmas e doutrina, quando entender que a pretensão pôde estar no caso delas, e, como o de que se trata certamente não é cousa nova, e não está nesse caso, a secção nada tem de propor a semelhante respeito. A repressão no caso de abuso pertence sempre ao governo.[185]

O interessante é notar que preponderа dentre as razões esposadas por Pimenta Bueno não a necessidade de o Estado boicotar as demais religiões para fomentar a Católica, mas a necessidade de manter a ordem e conter com rédeas curtas, à semelhança do que institucionalmente já ocorria com a Igreja Católica, as demais agremiações religiosas.

Em 22 de abril de 1868, outro debate sobre liberdade religiosa chega ao Conselho de Estado quando os Conselheiros da Seção de Justiça do Conselho de Estado Nabuco de Araújo, Visconde de Jequitinhonha e Euzébio de Queiroz analisam representação de Torquato Martins Cardoso, português vendedor de livros, contra ato do Chefe de Polícia de Sergipe que, em atenção ao requerimento do Vigário, havia impedido a comercialização de Bíblias e livros de divulgação da doutrina protestante no ano anterior à consulta.

Sem sucesso, o vendedor de livros já havia reclamado da ação policial ao presidente de província, mas diante de uma resposta negativa representou ao Governo Imperial denunciando o abuso de poder, indo o assunto parar na Seção de Justiça.

O Presidente de Província, em ofício, manifestou-se pela lisura da ação policial, pois o Vigário teria constatado que bíblias eram "falsas", pois destinadas à divulgação da doutrina protestante, o que atentaria contra a religião do Estado no entendimento das autoridades provinciais. Dizia o Presidente que o autor da denúncia era "pobre português vagabundo, que apareceu vendendo Bíblias e outros livrinhos heréticos"[186].

[185] Op. Cit. Tomo III, p. 11.
[186] Caroatá. Op. Cit. p. 1374.

Antes dos Conselheiros, com visões opostas sobre a existência do abuso de Poder manifestaram-se o Consultor José de Alencar, pela responsabilização da autoridade, e o Diretor Geral interino Cunha Barboza, pela correção do ato policial.

José de Alencar argumentou com o direito constitucional que o Chefe de Polícia deveria ser responsabilizado pelo abuso de poder e o presidente da Província advertido pelas palavras utilizadas em seu ofício. Entendia que a proibição da venda das Bíblias divulgadoras da doutrina protestante, cada vez mais difundida pelos imigrantes, "feria a Constituição em dois pontos importantes: no princípio da tolerância, estampado no Art. 5º; e no princípio da liberdade de industrial, consignado no Art. 179 § 24"[187]. Em resposta ao presidente da província que se referia ao peticionário como um "pobre português", o Consultor advertia que não importava a qualidade de estrangeiro para assegurar os direitos "individuais" atacados, que caracterizava como "liberdade de indústria" e "liberdade de consciência". Liberdade ia além da tolerância e Alencar advertia que coibir os protestantes não garantiria a manutenção da Igreja católica.

Os Conselheiros resolveram o caso seguindo a proposta de José de Alencar e o Imperador expediu aviso determinando que o Presidente de Província zelasse pelo respeito aos dispositivos constitucionais citados pelo parecer, concluindo, ainda, pela ilicitude do procedimento do Chefe de Polícia.

Ao analisar os desdobramentos deste caso, José Reinaldo de Lima Lopes levanta uma questão acerca daquilo que realmente ocorria nas províncias: "se a opinião de Nabuco, Alencar e Jequitinhonha era ou não uma gota de liberalismo num oceano de tradições, ou mesmo no oceano de outras decisões tradicionais do próprio Conselho"[188].

Talvez fosse mesmo uma gota, mas não a única. Outro jurista da área do direito constitucional, cujas letras não ressoaram pelo país e por gerações tanto como as do constitucionalista Pimenta Bueno, expressava uma opinião despojada a respeito da liberdade religiosa. Joaquim Rodrigues de Souza, Desembargador na Relação do Maranhão e autor da

[187] Idem. p. 1375.

[188] *O oráculo de Delfos. O Conselho de Estado no Brasil-Império.* São Paulo: Saraiva, 2010, p. 275.

Analyse e comentário da Constituição Política do Império do Brasil ou Teoria e prática do governo constitucional brasileiro, publicado em 1867.

Citado pelo Senador Nunes Gonçalves, o Visconde de São Luiz do Maranhão, em discurso no Senado do Império, como um dos mais qualificados membros do partido conservador[189], Joaquim Rodrigues de Souza, ao mesmo tempo em que via o catolicismo como um dos pilares da sociedade brasileira e o presumia como a religião de todo brasileiro, reivindicava, muito antes do movimento republicano, mais liberdade em torno do fenômeno religioso.

Todavia, a reivindicação deixava claro que o fator preponderante, mas não único, para se adotar um sistema de liberdade religiosa seria afastar os obstáculos à imigração:

> Por ser principal fundamento social é também a religião alto assunto político.
>
> (...)
>
> As circunstâncias do país, o progresso das ideias, porém, já permitem, e reclama o bem público, que a tolerância religiosa ceda lugar à liberdade dos cultos. A colonização, a emigração estrangeira, de que tanto necessita o país para aumento da população, e desenvolvimento de seus recursos, exigem que os estrangeiros, que demandem entrada na associação brasileira, não sofram diferença nas condições religiosas e política dos nacionais.
>
> (...)
>
> A Religião Católica Apostólica Romana, ainda atualmente a única nacional, jamais deixará de ser a religião do Estado. Este a manterá e sustentará sempre por ser a base de nosso edifício social, e de sua Constituição Política, condição prática da vida civil e política, sentimento, objeto do maior respeito nacional, hábito mais profundamente enraizado nos corações dos brasileiros. Os direitos humanos e os interesses do país exigem, porém, que gozem todas as religiões liberdade de culto, salva (d)as medidas policiais.[190]

[189] Sessão de 19 de julho de 1970. *Annaes do Senado do Império do Brasil.* Segunda Sessão em 1870. Volume II, Rio de Janeiro: Typographia do Diário do Rio de Janeiro, p. 151.

[190] *Analyse e comentário da Constituição Política do Império do Brasil ou Teoria e prática do governo constitucional brasileiro.* São Luiz do Maranhão, 1867. pp. 27-32.

O que se pode ver nas entrelinhas desses debates apresentados é que, embora a Constituição do Império elegesse o catolicismo como religião oficial do Estado Brasileiro, as mudanças ocorridas na sociedade, principalmente a partir da segunda metade do século XIX, influenciaram para a gestação de uma opinião pública que deixava de ver o culto de outras religiões, mesmo que exteriorizado, como uma questão criminal. O Estado até poderia intervir para a manutenção da ordem, mas o que justificava essa intervenção eram assuntos temporais, da mesma ordem que justificaram a intervenção em atos da Igreja Católica, e não teológicos.

3.8. A "questão religiosa" ou a "questão dos bispos"

Talvez o episódio que mais repercutiu no final do Império como uma das grandes causas de seu fim, ao lado da questão militar e da questão abolicionista, foi a questão dos Bispos, mais conhecida como questão religiosa, por colocar em evidência o desgaste nas relações entre o Estado brasileiro e a Igreja Católica, abrindo um debate na sociedade majoritariamente católica do século XIX a respeito do modelo adotado pela Constituição do Império, especialmente sobre a possibilidade de o Estado intervir em negócios e decisões eclesiásticas emanadas das autoridades católicas.

Ao mesmo tempo em que a Constituição de 1824 reconheceu a Igreja Católica como religião oficial, estabelecendo o dever do Estado fomentá-la com a manutenção dos templos e a remuneração de seus membros, previu a competência do Imperador para nomear os Bispos (artigo 102, §2º) e para dar o beneplácito Imperial (artigo 102, §14) com relação aos Decretos dos Concílios, Letras Apostólicas e quaisquer outras Constituições Eclesiásticas, prerrogativa que estava fundada, segundo a doutrina constitucional do século XIX, na soberania e na independência do Estado.

Com relação ao beneplácito imperial previsto no artigo 102, §14 da Constituição do Império, havia uma diferença percebida pelos juristas coevos entre os atos, opiniões, escritos e orientações emanadas da cúpula da Igreja Católica com relação àqueles emanados de outras igrejas, pois o Papa chefiava um Estado e, assim, seus atos eram revestidos de autoridade legal. Nesta diferença estava fundada a prerrogativa do beneplácito.

Desta maneira, enquanto protestantes e outros não católicos podiam, desde que respeitada a ordem pública, invocar o direito à liberdade de expressão ou de imprensa para aplicar e divulgar as orientações de seus dogmas religiosos, os homens ligados à Igreja de Roma não podiam se fiar nos mesmos direitos para que os decretos papais pudessem ser aplicados irrestritamente em território brasileiro sem o necessário beneplácito. Como advertia Pimenta Bueno, ainda no calor da questão dos bispos, o sumo pontífice "em vez de meras opiniões emite normas positivas".[191]

Era sob essas justificativas que as diretrizes vindas de Roma, para terem validade em território nacional, deveriam obedecer ao procedimento do beneplácito imperial, que antes de concedido ou negado era antecedido por vários atos.

Em seu trâmite perante a Administração Imperial, verificava-se, em primeiro lugar, a autenticidade do diploma papal e, logo que constatada, analisava-se se o que ele dispunha estava em consonância com as disposições legais e constitucionais do Estado e se era conveniente à ordem social.

Feita essa primeira análise de caráter formal e material, verificava-se se a disposição eclesiástica continha norma de natureza concreta, dirigida a alguma corporação ou irmandade, caso em que bastava o aval do Imperador, ou alguma norma de caráter geral, o que ensejava a análise também pelo Poder Legislativo, segundo disposição constitucional expressa (artigo 102, §14, parte final). Depois de observado tal procedimento, ainda cabia ao Imperador, analisar a conveniência de concedê-lo.

Foi em torno dos fundamentos jurídicos e políticos do beneplácito imperial que surgiu a questão religiosa ou a questão dos bispos que pode ser apresentada como um episódio protagonizado pelos Bispos de Olinda, D. Vital de Oliveira, e do Pará, D. Antônio de Macedo Costa, representativo da crise mais expressiva no sistema do padroado delineado pela Constituição do Império. Essa crise surgiu do repúdio estatal à aplicação de orientações papais sobre as quais não havia recaído o beneplácito imperial e, reciprocamente, como uma reação da Igreja contra a intervenção do Império em seus negócios.

[191] José Antonio Pimenta Bueno. *Considerações relativas ao beneplácito, e recurso à Coroa em matéria de culto*. Rio de Janeiro. Typographia Nacional, 1973, p. 3.

Com fundamento na bula *quanta cura* e no compêndio *syllabus errorum* editados pelo Papa Pio IX, *e*m janeiro de 1973, D. Vital havia exortado a irmandade Soledad de seu bispado a expulsar dois padres maçons[192] e, diante da recusa da associação, suspendeu-a, estendendo a resolução às demais irmandades que estivessem em idênticas condições em seu bispado, interditando também as capelas maçonizadas. Dois meses depois, no Pará, D. Antônio, para combater a maçonaria, editou uma instrução pastoral, alinhada à doutrina da infalibilidade papal divulgada na mencionada bula, ameaçando fechar capelas e igrejas que fossem administradas por irmandades compostas de maçons.

Em síntese, três irmandades tiveram seu funcionamento suspenso pelos atos dos Bispos: a Irmandade do SS. da Igreja do Santo Antônio, em Recife; e, no Pará, a Ordem Terceira de São Francisco da Penitência e a Irmandade do Senhor Bom Jesus dos Passos. As três interpuseram recurso à Coroa com a finalidade de que os interditos emanados do poder eclesiástico fossem levantados e o caso chegou ao Conselho de Estado.

O recurso à coroa estava previsto na Lei 1911 de 28 de março de 1857, que no artigo 1º estabelecia três hipóteses de cabimento: por usurpação de jurisdição e poder temporal; por qualquer censura contra empregados civis em razão de seu ofício; e por notória violência no exercício da jurisdição e do poder espiritual, postergando-se o direito natural ou os cânones recebidos da Igreja Brasileira. Essa lei surgiu no repertório legislativo do Império como um complemento ao beneplácito Imperial constitucionalmente previsto. Sistematizando hipóteses já reguladas de

[192] José Honório Rodrigues entende que, como uma luta entre a Maçonaria e a Igreja Católica, a questão religiosa "não começa em Pernambuco, com D. Vital, Bispo de Olinda, nem no Pará, com D. Antônio, Bispo do Pará, mas no Rio de Janeiro, com o ato do Bispo D. Pedro Maria de Lacerda, ao suspender das ordens o padre maçon Almeida Martins, que pronunciara um discurso em estilo maçônico e o publicara assinado nos principais jornais. Sentindo-se agravada a Maçonaria, em sessão de 1872, presidida pelo Visconde do Rio Branco, chefe do Gabinete, decidiu atacar o Episcopado pela imprensa e convocar os maçons ao combate contra a Igreja, acusada de dominar o Brasil" *Atas do Conselho do Estado: Volume X*. Brasília: Senado Federal, 1978, p. VII. Note-se que a maçonaria não pode ser identificada apenas com os republicanos, pois entre os Maçons destacaram-se Visconde do Rio Branco, membro do governo Imperial e chefe do Grande Oriente da Rua do Lavradio, assim como chefe republicano e chefe maçon do Grande Oriente dos Beneditinos, o jornalista Joaquim Saldanha Marinho. V. Alexandre M. Barata. "A Maçonaria e a ilustração brasileira." *Revista Manguinhos. Vol. I*, jul-out 1994. pp. 78-99, disponível em www.scielo.br, acesso em 12 de abril de 2011.

maneira esparsa pelo direito português[193], submeteu o poder eclesiástico à jurisdição política do Governo Imperial, com vistas à manutenção de sua autoridade.

Recebidos os recursos à coroa interpostos pelas associações que haviam sido fechadas pelos Bispos para por em prática as orientações advindas de Roma, o Pleno do Conselho, atento à relevância política dos fatos relacionados, chegou a se manifestar seis vezes sobre o embate envolvendo a aplicação de sanções às irmandades pelos Bispos; para discutir a extensão do beneplácito; o destino dos Bispos; o destino das vagas de bispado abertas com a expulsão dos Bispos; a conveniência da prisão dos Bispos; e a possibilidade de anistia.

Na primeira vez em que Pleno se pronunciou, em 12 de fevereiro de 1873, quando a questão ainda envolvia apenas D. Vital, definiu-se a posição do Governo Imperial sobre o assunto, valendo como precedente para os próximos casos: que a maçonaria era uma sociedade beneficente, permitida pelo Estado, e as bulas papais que a restringiam não contavam com o necessário beneplácito imperial, motivo pelo qual as restrições às irmandades, baseadas em documentos papais não placitados, deveriam ser levantadas.

Com base na consulta do Conselho de Estado o governo imperial concedeu aos Bispos o prazo de trinta dias para levantamento dos interditos. D. Vital não só deixou de cumprir a ordem como interditou outras irmandades e nisto foi seguido por D. Macedo Costa, em sinal de apoio e de alinhamento à doutrina da infalibilidade papal.

Diante das recusas para cumprir a ordem do governo e com a finalidade de corrigir o mau funcionamento do modelo, em que os próprios nomeados pelo Imperador contra ele se voltavam, desobedecendo ao comando do Estado no tocante aos aspectos temporais para satisfazer as diretrizes de Roma com relação aos dogmas da fé, o Governo Imperial viu-se diante da necessidade de empregar meios coercitivos contra os Bispos.

No Pleno do Conselho de Estado, depois de assentada a necessidade do *placet* imperial para o reconhecimento de eficácia de todas as deter-

[193] O Livro I, Título 12, §5º das Ordenações Filipinas mandava que o Procurador da coroa recorresse ao juízo da coroa contra atos da autoridade eclesiástica que usurpasse o poder dela, ou seus direitos, ou prerrogativas.

minações papais, prevaleceu o entendimento de que os Bispos deveriam ser processados pelo crime de obstar o efeito das determinações do Poder Moderador, previsto no artigo 96 do Código Criminal do Império e punido com prisão com trabalho de dois a seis anos.

Divergindo desta opinião, o Conselheiro Nabuco de Araújo apostava em solução enérgica pela via diplomática, com a deportação do Bispo até que reconhecesse as leis e os poderes do Estado. Contudo, a opinião, que argumentava com uma solução mais política que criminal, restou vencida[194] e os Bispos foram denunciados pelo Procurador da Coroa ao Supremo Tribunal de Justiça. Primeiro, D. Vital; depois, D. Macedo Costa.

No Supremo, engajaram-se voluntariamente na defesa dos Bispos os senadores e juristas Zacarias Góes e Vasconcelos e Cândido Mendes de Almeida. O reconhecimento social do primeiro como um dos grandes conhecedores das nuances do poder moderador e a consagração do segundo como um dos maiores especialistas de Direito Eclesiástico do Império não foram suficientes para evitar a condenação.

Entretanto, o debate na opinião pública despertou a articulação de críticas ao governo e ao modelo do padroado adotado pela Constituição vigente, que para alguns juristas coevos ruía. A solução dos autos não pôs fim ao embate político e o Governo foi obrigado a novamente consultar o Conselho sobre a possibilidade de conceder anistia aos Bispos como uma forma de diminuir seu desgaste político.

Em sessão de 8 de setembro de 1875, o Conselho entendeu, em sua maioria, que não era caso de anistiar os Bispos. Mesmo assim, o Governo Imperial cedeu à opinião pública de uma sociedade predominantemente católica e anistiou os Bispos, ficando exposto às críticas de sua fraqueza e falta de habilidade política.

Um dos críticos mais representativos da anistia dos Bispos e do sistema do padroado foi Rui Barbosa, que dias após a proclamação da República seria um dos responsáveis pela redação do Decreto 119-A de 7 de janeiro

[194] Ata de 3 e 4 de junho de 1873. Destaco do voto de Nabuco a seguinte passagem: "opina a Seção pelo processo dos Bispos por crime de desobediência, competindo o dito processo ao dito Supremo Tribunal de Justiça. Opino, porém, pela aplicação das temporalidades, sendo delas preferível, no caso sujeito, que é mais político do que criminal, a deportação do Bispo com suas côngruas condicionalmente, e até que reconheça as Leis e poderes do Estado". José Honório Rodrigues (Org.) *Atas do Conselho do Estado: Volume VIII*. Brasília: Senado Federal, 1978, p. 421.

de 1890 com o qual foi extinto o padroado, proibindo qualquer subvenção ou interferência do poder público sobre as confissões religiosas.

Em 1877, após aceitar o convite do jornalista republicano Saldanha Marinho, que lhe prometera vender toda a tiragem do livro para a comunidade maçônica, Rui Barbosa traduz *O Papa e o Concílio* do teólogo alemão Johan Joseph Ignaz Von Döllinger. Sem economizar nas palavras, o jurista brasileiro escreve uma introdução à edição brasileira maior do que a própria obra traduzida. Sem dúvidas, essa tradução consistiu na maior crítica de um jurista à forma como a questão dos bispos foi conduzida pelo Governo Imperial.

Para Rui Barbosa a anistia concedida pelo Governo Imperial, na contramão daquilo que decidiu o Conselho de Estado, "foi uma verdadeira capitulação do governo brasileiro (...) "foi a soberania da nação imolada à ambição temporal do papa."[195] O jurista ainda defendia que o sistema do padroado não havia se adaptado às modificações da Igreja Católica.

Interessante perceber que as opiniões de dois dos maiores constitucionalistas brasileiros estão influenciadas por seus alinhamentos políticos e pela época em que tiveram a sua formação, mas apesar de entendimentos diversos sobre a condução da política de Estado com relação à Igreja, há traços comuns na exposição de ambos que pode ser traduzida na noção de soberania que o Estado deveria mostrar ao fazer prevalecer a sua posição e mesmo ao garantir liberdade às demais confissões religiosas.

A questão dos bispos ganhou maior repercussão porque inserida em meio ao clamor por mudanças institucionais, mas não se pode dizer que o Império tenha ficado estático no que concerne à regulação das suas relações com as instituições eclesiásticas e o fenômeno religioso, ideia difundida a partir da república para realçar o papel refundador da nova forma de governo e buscar reconhecimento social ao novo regime.[196]

[195] *Obras Completas de Ruy Barbosa*. Vol. IV. Tomo I. Rio de Janeiro: Fundação Casa de Rui Barbosa, 1977, p. 342.

[196] Desde o Império os republicanos apontavam para a inércia do Governo Imperial em regular suas relações com a Igreja. Na obra de Rui Barbosa acima citada a ideia da falta de regulação é lançada. Para ele "Desde o começo de nossa existência nacional as mais profundas modificações legislativas se têm promulgado no catolicismo, sem que o estado ousasse jamais conhecer das mudanças por que passava a face da Igreja. É nesse período que principiou, e acabou de organizar-se politicamente, como partido o ultramontanismo; é nele,

Como foi visto ao longo deste capítulo, desde as primeiras legislaturas o Poder Legislativo e os Poderes Executivo e Moderador, concentrados na figura do Imperador, preocuparam-se com a limitação dos poderes da Igreja Católica. Muitas foram as iniciativas legislativas e as resoluções do Governo Imperial, orientado pelas consultas jurídicas do Conselho de Estado, que concluíram por um modelo em que preponderava a força do Estado em detrimento do poder eclesiástico.

Não foi por outro motivo que, logo após a proclamação da República, a Igreja Católica, mesmo lamentando a possibilidade de o Estado brasileiro não contar mais com uma religião oficial, deixou de posicionar-se contra o novo Governo, demonstrando inclusive reconhecimento ao regime republicano recém-instaurado[197], que garantiria à Igreja liberdade institucional e despertaria a necessidade de reorganização das instituições eclesiásticas.[198]

Muitas vezes a impressão que se tem ao estudar a História do Direito Constitucional Brasileiro, é de uma regulação do fenômeno religioso e da liberdade religiosa pelo Estado, ou pelos estadistas brasileiros, iniciada somente a partir da questão dos bispos de 1873, desaguando na redação final do Decreto (republicano) 119-A de 1890 que extinguiu o padroado com todas as suas instituições, recursos e prerrogativas.

E não é por acaso. Mesmo depois de concedida a anistia aos Bispos pelo Governo Imperial, em raro atropelo da solução encontrada pelos

especialmente de 1832 e 1870, que a dogmatização da incompatibilidade entre a confissão católico-romana e o estado moderno traduziu-se em cânones de fé. Que fim haviam levado então as instituições regalistas da carta? Desamparadas, olvidadas quase absolutamente, não tinham existência, por assim dizer senão na letra morta da lei. Com a questão da aplicabilidade entre nós das bulas não placitadas que proscrevem os pedreiros-livres, surgiu o ensejo da experiência decisiva." Op. cit. pp. 357-358.

197 Neste sentido Sérgio Buarque de Holanda, *Raízes do Brasil.* 12ª ed. Rio de Janeiro: José Olympio, 1978, pg. 84.

198 A Igreja Católica no Brasil sob o ponto institucional fortaleceu-se com a República, notando-se um aumento no contingente de eclesiásticos. Ao final do Império, o Brasil era apenas uma província eclesiástica perante o Vaticano, contando apenas com uma arquidiocese e onze dioceses. Ao final do primeiro período republicano, tradicionalmente conhecido como "república velha", havia no país 16 arquidioceses, 50 dioceses e 20 prefeituras eclesiásticas. V. Jacqueline Hermann. " Religião e política no alvorecer da República: os movimentos de Juazeiro, Canudos e Contestado". In Ferreira, Jorge e Delgado, Lucília de Almeida Neves. *O Brasil Republicano. O tempo do liberalismo excludente.* Rio de Janeiro: Civilização Brasileira, 2011, p. 125.

Conselheiros de Estado, a polêmica não cessou. Muitos juristas, ligados ou não à Maçonaria, republicanos ou monarquistas, como era o caso de Ruy Barbosa e Pimenta Bueno, criticaram o desfecho dado ao caso, pois o que deveria ter prevalecido era a Constituição e seu preceito normativo de que a última palavra sobre as diretrizes emanadas de Roma deveria ser dada pelo Estado.

Todavia, por tudo o que foi visto ao longo desta dissertação, talvez fosse mais apropriado se referir a esse conhecido episódio que, entre os anos de 1873 e 1875, envolveu uma disputa de forças entre o Governo Imperial, de um lado, e de outro, os Bispos da Igreja Católica, não como "questão religiosa", mas como "questão dos bispos", como alguns coevos, entre eles o próprio Imperador D. Pedro II, preferiam.

A "questão dos Bispos", portanto, apenas catalisou as discussões que já existiam a respeito da forma como Estado deveria se relacionar com o poder eclesiástico. A expressão "questão religiosa" melhor seria utilizada como gênero, para sintetizar todos os aspectos relacionados ao fenômeno religioso, que como vimos foi objeto de preocupação desde a Assembleia Constituinte do Império.

CONCLUSÃO

O modelo constitucional adotado pelo Império do Brasil para regular as relações entre o Estado e as instituições religiosas declarou que a religião católica continuava a ser a religião oficial do Brasil tal como ocorria no período colonial.

Tal modelo perdurou do início de vigência da Carta de 1824, outorgada "em nome da Santíssima Trindade", até a proclamação da República, quando foi editado pelo Governo Provisório o Decreto 119-A, colocando fim ao sistema do padroado, segundo o qual o Estado fomentava a religião católica com a manutenção dos templos e o pagamento do corpo eclesiástico.

Em contrapartida, o Imperador detinha a competência constitucional para nomear os Bispos (artigo 102, §2º) e conceder ou negar o beneplácito para que as orientações vindas da Igreja (Constituições Eclesiásticas, Decretos dos Concílios etc) pudessem ser aplicadas em território nacional (artigo 102, §4º).

Durante todo o Império, inúmeros foram os conflitos de atribuição entre o Estado e a Igreja, pois o padroado submetia os eclesiásticos a duas ordens de hierarquias, a eclesiástica, submetida ao poder do Sumo Pontífice, e a estatal. Além de deverem obediência ao Papa, os membros da Igreja também eram considerados "funcionários públicos" pela doutrina jurídica e deviam respeito ao poder temporal, representado pelos poderes do Império, o Legislativo, o Judiciário, o Executivo e o Moderador.

O texto constitucional ainda reconhecia como cidadãos brasileiros todos os estrangeiros naturalizados, independentemente da religião professada (artigo 6º), e delimitava a liberdade religiosa, permitindo todas as outras religiões com seu culto doméstico ou particular, em casas para isso destinadas sem forma alguma exterior de templo (artigo 5º).

Orientada por uma narrativa histórica dogmática, legitimadora do direito atual, a interpretação sobre a regulamentação dada pela Constituição do Império sempre foi feita à sombra do sistema de separação entre o Estado e a religião adotado a partir da República com expressa influência do modelo norte-americano, como se não houvesse um pensamento nacional dirigido à fundação de instituições seculares no Brasil do século XIX.

Todavia, como demonstrado nesta dissertação, o modelo confessional adotado pela monarquia brasileira, de feição nitidamente liberal, estava afinado com o pensamento político de sua época, aproximando-se do constitucionalismo europeu e do pensamento constitucional no continente americano. Países estreitamente ligados ao Império, seja no plano econômico, como a Inglaterra, seja no cultural, como a França, não mantinham um regime de completa separação com o fenômeno religioso, embora desfrutassem de instituições liberais.

Os Estados Unidos — embora tivessem adotado um sistema de separação e também fossem fonte de inspiração e preocupação aos construtores do Império brasileiro — conviviam com ligações institucionais de religiões cristãs em diversas colônias. Como visto, mesmo após a edição da Primeira Emenda, em 1791, juristas oitocentistas norte-americanos defendiam que as *religion clauses* não se dirigiam aos Estados-membros, limitando apenas o plano de ação da União.

Por isso, antes de demonstrar que desde a fundação do Império já havia um pensamento político dirigido a assegurar o direito de liberdade religiosa, bem como um debate jurídico e político destinado a moldar a secularização das instituições nacionais, foram desfeitos alguns enganos analíticos comuns na interpretação constitucional: o de que, no século XIX, somente monarquias adotavam modelos confessionais; o de que o liberalismo é incompatível com este modelo e o de que a ideia de liberdade religiosa repele o modelo de separação entre e Igreja e Estado.

Na América Latina, Estados recém-independentes instituídos sob a forma republicana de governo adotaram em suas constituições a religião católica como religião de Estado. Foi o caso da Venezuela em 1811, do México em 1814 e 1824, do Peru em 1823 e da Bolívia em 1826. Por sua vez, a forma de separação do constitucionalismo norte-americano, embora possa ser identificada com o liberalismo, não implica no entendimento de que os países que não a adotavam não eram liberais. A análise histórica não pode compactuar com esse tipo de generalização e seria um engano afirmar que a Inglaterra e o Brasil do século XIX não eram liberais porque adotavam a forma de união entre o Estado e a Igreja.

Assim, o primeiro capítulo deste trabalho abriu caminho para uma interpretação do processo de secularização das instituições jurídicas do Brasil do século XIX a partir da ideia de que não se deve prestigiar a continuidade da herança patrimonialista ibérica em detrimento da complexidade das instituições nacionais do século XIX. A História da secularização das instituições nacionais e das relações entre o Estado e a Igreja deve partir das ideias compartilhadas no Ocidente e não de uma ótica viciada por modelos adotados por governos.

Nessa linha de metodológica, ficou demonstrado que, durante os debates na Assembleia Constituinte de 1823, as ideias de Estado confessional e liberdade religiosa não se repeliam. Antes do fechamento da Assembleia e da outorga da Carta com o texto final do artigo 5º, os Constituintes de 1823, influenciados pela Declaração dos Direitos do Homem e do Cidadão francesa do século XVIII, aprovaram, por maioria, o direito à liberdade religiosa.

Seus defensores diferenciavam-se daqueles simpáticos à sua delimitação pela ideia comum de que assuntos de crença deveriam ser separados da alçada política. Todavia, os dois lados tinham em comum a ideia de que a religião era o fundamento moral da sociedade.

Décadas depois, quando já havia aumentado o volume de imigrantes protestantes que chegavam ao Brasil para substituir da mão-de-obra escrava, Joaquim Rodrigues de Souza, Constitucionalista e Desembargador da Relação do Maranhão, em sua *Analyse e comentário da Constituição Política do Império do Brasil ou Teoria e prática do governo constitucional brasileiro*, publicado em 1868, defendia a necessidade de o Estado garantir mais liberdade religiosa aos cidadãos e aos imigrantes. Concomitantemente, porém, via o catolicismo como um dos pilares da sociedade brasileira e o presumia como a religião de todo brasileiro.

Compartilhando desta mesma visão, Visconde de Uruguai, pioneiro por seu *Ensaio sobre o Direito Administrativo* publicado em 1862, sustentou como Conselheiro da Seção de Justiça do Conselho de Estado a necessidade do Estado brasileiro dar maior liberdade religiosa aos imigrantes protestantes. Liberdade religiosa era, portanto, compatível com o Estado confessional adotado pelo modelo constitucional brasileiro do século XIX.

Partilhando da ideia de José Reinaldo de Lima Lopes de que o Conselho de Estado, como órgão auxiliar do Poder Moderador, assumiu um papel de intérprete e produtor da doutrina jurídica nacional no século XIX, suprindo o espaço deixado por um sistema judiciário em que o órgão de cúpula não editava precedentes, analisei todas as consultas submetidas à Seção de Justiça entre os anos de 1842 e 1889 que direta ou indiretamente cuidaram das relações entre a Igreja e Estado. Também analisei algumas Consultas da Seção de Império que, a partir de 1860, com a edição do Decreto 1067, passou a ter competência para emitir parecer sobre negócios eclesiásticos que chegavam ao Conselho de Estado por via do recurso à Coroa ou por outro meio de representação.

Somente em razão da leitura concatenada dessas Consultas, da legislação imperial por elas citada e da literatura jurídica oitocentista, notadamente os Manuais de Direito Público Eclesiástico foi possível verificar que o processo de aprimoramento e criação das instituições brasileiras (legislação civil e criminal, jurisdição, registro civil, registro imobiliário, casamentos, eleições etc), desde a independência e muito antes da "crise dos bispos", demandou o aprimoramento do sistema do padroado herdado da colônia.

Com a difusão de novos hábitos de leitura e a criação de associações de classe, novas formas de pensar surgiram ao lado dos dogmas de fé e com elas a necessidade de adequar as instituições imperiais aos novos tempos. Além disso, havia a necessidade de o Estado demonstrar ao poder eclesiástico suas condições para criar as próprias instituições e gerir os serviços públicos e demais funções do Estado sem o auxílio dos membros da Igreja.

O Estado brasileiro nos oitocentos ainda não era suficientemente organizado nem dispunha de recursos para dispensar os serviços prestados por homens da Igreja por ele integrados à burocracia imperial em troca de uma módica remuneração. Isso ocorreu em matéria de casamentos, registros de propriedade, difusão de comunicados do governo, registro civil etc. No entanto, a doutrina jurídica nacional nunca deixou de pensar em alternativas para o constante aprimoramento das instituições nacionais e, consequentemente, a legislação, na medida em que ia sendo elaborada ou interpretada, rumava para a independência do Estado com relação ao poder eclesiástico.

Sob as críticas e a reprovação dos católicos ultramontanos, o Império reestruturou o modelo confessional de Estado, reformando a antiga legislação herdada de Portugal ou, ainda, dando a ela interpretação em consonância com um Estado secularizado.

Muitas vezes isso aconteceu como forma de ajustar o perfil institucional brasileiro ao modelo ocidental tributária do Iluminismo, como ocorreu com o advento do Código de Processo Criminal do Império, de 3 de dezembro de 1841, que no artigo 155, §4º, limitava a jurisdição eclesiástica em matéria espiritual à imposição de penas meramente espirituais. Com relação à jurisdição civil, a Lei de 27 de agosto de 1830 suprimiu a competência dos juízos eclesiásticos para o registro e a execução de testamentos e a sua obediência não foi tranquila, tanto que em 1843 o Governo Imperial reafirmava por um aviso ministerial a necessidade de seu cumprimento.

Ainda diminuindo a participação dos homens da Igreja nos assuntos de jurisdição outras medidas foram tomadas pelo Estado, revelando não apenas o anseio em sobrepor o poder temporal ao eclesiástico, mas demonstrando a determinação em estremá-los.

Como se viu no terceiro capítulo, o artigo 2º da Lei de 17 de setembro de 1839 deu preferência aos bacharéis formados nas Faculdades de Direito do Império para assumirem função de desembargadores na Relação Eclesiástica. Anos mais tarde, o Conselho de Estado subsidiou um aviso ministerial no qual se entendeu incompatível o exercício da advocacia com a função de pároco e, logo em seguida, em outra solução aparentemente dissonante da anterior, referendou a decisão do Bispo de Olinda que tornou dependente de licença da diocese o exercício da advocacia no foro eclesiástico.

Ficou claro que esta solução, longe de ser uma compensação às medidas anteriores, era coerente com uma orientação tácita de secularização institucional, pois diferenciava ainda mais as características dos foros temporal e eclesiástico, relevando a natureza espiritual das causas submetidas a esta Justiça e deixando preservada de qualquer influência da Igreja a Justiça comum, que passou a ser totalmente controlada pelo Estado.

Também foi visto como as alterações no contingente populacional brasileiro desempenharam um papel relevante na secularização das instituições. A Seção de Justiça do Conselho de Estado já havia se manifestado pela necessidade de regulação do casamento civil, pois as previsões das *Constituições Primeiras do Arcebispado da Bahia*, mantidas pela Lei de 3 de novembro de 1827, já não davam conta de regular os aspectos temporais do casamento, visto também como um contrato civil entre duas pessoas. Com chegada dos imigrantes protestantes que aportavam no país desde a Lei Eusébio de Queirós foram catalisados os argumentos favoráveis à aprovação do casamento civil.

Na esteira dessas mudanças também se arquitetou, a partir do artigo 17, §3º, da Lei Orçamentária do Império de 1850, a criação de um registro civil para substituir a autoridade da Igreja sobre o assunto, já mitigada pelo Decreto de 24 de setembro de 1829 que admitia na falta da certidão de batismo, a prova por qualquer outro documento.

Foi visto que nem sempre que frustradas as tentativas de secularização das instituições, como ocorreu com o registro civil, a recalcitrância do Estado pode ser atribuída à resistência da Igreja. Ficou claro que a fracassada implementação do registro secular deveu-se mais à conjuntura deflagrada com a abolição do tráfico de escravos do que por pressão da Igreja Católica.

A população livre e pobre passou a resistir à sua aplicação por temer ser "escravizada" pelo registro; o dever de aludir à cor e à condição despertou o receio tanto dos recém-libertos temerosos de poder voltar a ser escravizados, quanto das autoridades responsáveis pela execução dos Decretos 797 e 798 de 18 de junho de 1851 que, como proprietários de escravos, não queriam prestar informações precisas de quantos cativos possuíam, temendo fossem confiscados para abastecimento de outras regiões ou de que essas informações testemunhassem o descumprimento da Lei Feijó de 1831, dando pistas de quantos cativos foram havidos ilegalmente.

Com relação aos direitos políticos, ficou demonstrado que a participação da Igreja no processo eleitoral, com a participação na qualificação dos votantes, diminuiu a partir da Lei de 19 de agosto de 1846. Antes da Assembleia Constituinte da República propor a inelegibilidade dos religiosos, o Decreto 2567 de outubro de 1875 já havia impedido vigários e bispos de se candidatarem no âmbito de suas paróquias e bispados. O Decreto 3029 de 1881, conhecido como Lei Saraiva, norma com conteúdo constitucional, permitiu a elegibilidade dos não católicos, afastou os clérigos do processo de qualificação eleitoral e substituiu o critério territorial de competência da paróquia pelos mesmos critérios utilizados pelo judiciário (termos e comarcas).

Mesmo antes dessas alterações, quando o Decreto nº 157 de 4 de maio de 1842 ainda dispunha sobre a participação dos vigários na mesa de qualificação, as interpretações da doutrina jurídica veiculada nos pareceres do Conselho de Estado levaram à conclusão de que os dogmas religiosos não se misturavam com os interesses em disputa no processo eleitoral.

Com todas essas alterações, o pensamento jurídico nacional engendrava uma forma de melhor adequar a participação da Igreja nos negócios públicos, mas com a condição de que esta não interferisse em assuntos temporais.

O que se viu, enfim, foi que, desde a fundação do Império, e até o advento da República, a linguagem dos juristas em atividade no Império, no que diz respeito à secularização, tomou forma nas instituições imperiais, transcendendo os limites da *intelligentsia*. O pensamento secularizado, antes limitado a um nicho restrito, aos filósofos ou aos bacharéis em Direito, passou para o nível prescritivo, na forma de lei ou de discursos alicerçadores de instituições, ganhando a opinião pública e difundindo-se na imprensa periódica, na literatura jurídica, no ensino jurídico.

Quando a questão dos bispos alcançou as páginas dos jornais e moveu juristas a favor e contra o sistema do padroado, o substrato teórico e o discurso em prol da separação entre a religião e o Estado já tinham amparo em uma linguagem jurídica consolidada nos debates desenvolvidos desde a Independência.

O tema da secularização das instituições e das relações entre o Estado e a Igreja durante o Império ainda carece de muita investigação. Ainda há muitas fontes a serem analisadas sobre o tema, mas creio com esta dissertação ter começado a demonstrar que a separação entre os poderes temporal e eclesiástico e o tema liberdade religiosa foram pensados e tiveram a sua regulação modificada pelos juristas ao longo de todo o período imperial, não surgindo pronta e acabada com a República.

REFERÊNCIAS

Almeida, Cândido Mendes. *Código philippino ou ordenações e leis do reino de Portugal; addicionada com notas.* Rio de Janeiro: Typografia do Instituto Philomatico, 1870.

________. *Direito civil eclesiástico brasileiro antigo e moderno e suas relações com o direito canônico.* Rio de Janeiro: B. L. Garnier, 1866.

Alonso, Angela. "Apropriação de ideias no Segundo Reinado." In Grinberg, Keila e Salles, Ricardo. *O Brasil imperial 1870-1889.* Rio de Janeiro: Civilização Braisileira, 2009, pp. 83-118.

__________ *Ideias em movimento: a geração de 1870 na crise do Brasil-Império.* São Paulo: Paz e Terra, 2002.

Alencastro, Luiz Felipe. "Vida privada e ordem privada no Império" *in* Novais, Fernando A.(Coord) e Alencastro, Luiz Felipe de (Org.), *História da vida privada no Brasil v.2. Império: a corte e a modernidade nacional.* São Paulo: Companhia das Letras, 1997.

Aquino, Maurício de. "Modernidade republicana e diocesanização do catolicismo no Brasil: as relações entre o Estado e a Igreja na Primeira República (1889-1930)." Revista Brasileira de História. São Paulo, V. 32, pp. 143-170, 2012.

Araújo, Manoel do Monte Rodrigues d'. *Elementos de Direito Público Eclesiástico Público e Particular.* Rio de Janeiro: Antonio Gonçalves Guimarães, 1857.

Araújo, Ana Cristina. A cultura das luzes em Portugal. Temas e problemas. Lisboa: Livros Horizonte, 2003.

Ardant, Philippe. Instituitions Politiques & Droit Constitucionnel. 15ª edition. Paris: Librairie Générale de droit e jurisprudence, 2003.

AZEVEDO, Thales de. *Igreja e Estado em tensão e crise*. São Paulo: Ática, 1978.

AZZI, Riolando. "D. Pedro II e a Reforma do Clero no Brasil". *Revista do Instituto Histórico e Geográfico Brasileiro*. V. 314, jan-mar 1977, pp. 22-45.

BARATA, Alexandre M. "A maçonaria e a ilustração brasileira" *Manguinhos* v. 1, nº 1, jul-out, 1994.

BARBALHO U.C., JOÃO. *Constituição Federal Brasileira. Commentarios*. Rio de Janeiro: Typografia da Cia. Litho-Typographia, 1902.

BARROS, Roque Spencer M. de. "Vida religiosa". *In* Sérgio Buarque de Holanda. *O Brasil monárquico, v. 6: declínio e queda do império*. Rio de Janeiro: Bertrand Brasil, 2004.

________. "A questão religiosa". *In* Sérgio Buarque de Holanda. *O Brasil monárquico, v. 6: declínio e queda do império*. Rio de Janeiro: Bertrand Brasil, 2004.

BENTIVOGLIO, Júlio. A história conceitual de Reinhart Koselleck. *Dimensões*, vol. 24, 2010, p. 117, disponível em www.periodicos.ufes.br/dimensoes, acesso em 22 de maio de 2011.

BETHELL, Leslie. "A Igreja e a Independência da América Latina" *In Leslie Bethell* (org). *História da América Latina. Da independência a 1870*. Trad. Maria Clara Cescato, São Paulo: Edusp, 2001.

BLANCO, Antonio Martínez. *Derecho Eclesiástico del Estado*. V. 1. Madri: Tecnos, 1994.

BOEHRER, George C. A. "Igreja no segundo reinado 1840-1889" in. KEITH, Henry H. EDWARDS, S. F. *Conflito e continuidade na sociedade brasileira*. Trad. José Laurêncio de Melo. Rio de Janeiro: Civilização Brasileira, 1970.

BONAVIDES, Paulo e ANDRADE, Paes de. História constitucional do Brasil. São Paulo. Paz e Terra, 1991.

BOURGIN, Georges. "Les sources manuscrites de l'histoire religieuse de la france moderne". In. *Revue d'histoire de l'Église de France*. Tomo 10, nº 46, 1924.pp. 27-66, disponível em http://www.persee.fr, acesso em 3 de março de 2010.

BRAUDEL, Fernand. *Reflexões sobre a História*. Trad. Eduardo Brandão. São Paulo: Martins Fontes, 2002.

BUENO, José Antônio Pimenta. *Direito público brasileiro e análise da Constituição do Império*. Rio de Janeiro: Ministério da Justiça e Negócios Interiores. Serviço de Documentação, 1958.

__________*Considerações relativas ao beneplácito, e recurso à coroa em matérias do culto*. Rio de Janeiro: Typographia Nacional, 1873.

CANO MATA, Antonio. "El derecho a la objecion de conciencia y su regulacion em el derecho español vigente", *Revista de Adminitracion Publica*, 108, 1985.

CARVALHO, José Murilo de Carvalho. *A Construção da ordem; teatro de sombras*. Rio de Janeiro: UFRJ — Relume-Dumará, 1996.

CARNEIRO, Marina Braga; CHAGAS, Paula Roberta e NADALIN, Sergio Odilon. Nascer e garantir-se no Reino de Deus; Curitiba, séculos XVIII e XIX.*Rev. bras. estud. popul.* 2010, vol.27, n.2, pp. 361-384.

CIARALLO, Gilson. "O tema da liberdade religiosa na política brasileira do século XIX: uma via para a compreensão da secularização da esfera política". Revista de Sociologia e Política v. 19, Fev. 2011 nº 38: pp. 85-99.

COLLINGWOOD, R.G. *Idea de la historia*. tradução Edmundo O'Gorman y Jorge Hernandez Campos.Cidade do México: FCE, 2004

COSTA, Emilia Viotti da. *Da monarquia à república; momentos decisivos*. São Paulo: Grijalbo, 1977.

COSTA, Moacir Lobo. *A revogação da sentença*, São Paulo: Edusp, 1995.

DALLARI, Dalmo de Abreu. *Elementos de teoria geral do Estado*. 25.ed. São Paulo: Saraiva, 2005.

DELUMEAU, Jean. *Le catholicisme entre Luther e et Voltaire*. Paris: Presses universitaires de France, 1996.

DOLLINGER, Johann Joseph Ignaz Von. *O papa e o concílio: a questão religiosa*. 3ª ed. Trad. Rui Barbosa. Rio de Janeiro: Elus. 1900.

DOLHNIKOFF, Miriam . *O pacto imperial*. São Paulo: Globo, 2005.

FAORO, Raimundo. *Os donos do poder; formação do patronato político brasileiro*. São Paulo: Globo, 2008.

FAUSTINO, Evandro. *O renitente catolicismo popular*. Tese de Doutorado, Departamento de História, FFLCH-USP, 1996.

FEBVRE, Lucien. *Combates pela História*. Trad. Leonor Martinho Simões e Gisela Moniz. Lisboa: Presença, 1985.

FERREIRA, Waldemar Martins. *História do direito constitucional brasileiro*. São Paulo: Max Limonad, 1954.

FONTOURA, Ezechias Galvão da. *Lições de Direito Eclesiástico*. São Paulo: Jorge Secker, 1887.

GARVEY, Jonh H. e SCHAUER, Frederick. *The first emendment: a reader*. St. Paul: West Publishing Co. 1996.

GODOY, Arnaldo Moraes. "A liberdade religiosa nas Constituições do Brasil". *Revista de Direito Constitucional e Internacional*, v. 34, jan/mar. 2001

Graham, Richard. "Formando um gobierno central: las elecciones y el orden monárquico em el Brasil delsiglo XIX" In. Annino, Antonio (coord.) *Historia de los Elecciones em Ibero América, Siglo XIX.* México: Fondo de Cultura Economica, 1995.

Grinberg, Keila. *O fiador dos brasileiros. Cidadania, escravidão e direito civil no tempo de Antonio Pereira Rebouças.* Rio de Janeiro, Civilização Brasileira, 2002.

Grossi, Paolo "Storia della canonistica moderna e storia della codificazione canonica". *Quaderni Fiorentini per la storia del pensiero giuridico moderno* nº 14 (1985), pg. 587-599.

Guillet, Nicolas. *Liberté de religion et mouvements à caractere sectaire.* Paris: Librairie Générale de Droit e Jurisprdence, 2003.

Hermann, Jacqueline. "Religião e política no alvorecer da República: os movimentos de Juazeiro, Canudos e Contestado". In Ferreira, Jorge e Delgado, Lucília de Almeida Neves. *O Brasil Republicano. O tempo do liberalismo excludente.* Rio de Janeiro: Civilização Brasileira, 2011, p. 125.

Hespanha, Antônio Manuel. *A história do direito na história social.* Lisboa, Horizonte, 1978.

__________. As vésperas do Leviathan. Instituições e poder político: Portugal — século XVII. Coimbra: Almedina, 1994.

____________.*Hércules confundido: sentidos improváveis e incertos do constitucionalismo oitocentista: o caso português.* Curitiba: Juruá editora, 2010.

Holanda, Sérgio Buarque. *Do império à república.* Rio de Janeiro: Bertrand Brasil, 2005.

_________. *Raízes do Brasil.* Rio de Janeiro: José Olímpio, 1978.

Junior, Araujo Figueiras. Código Criminal do Império do Brazil Annotado, Rio de Janeiro: Eduardo e Henrique Laemmert, 1876.

Kiemem, Mathias C. "Igreja e Política na Regência" *Revista do Instituto Histórico e Geográfico Brasileiro.* V. 307 abr-jun 1975, pp. 75-90.

Koselleck, Reinhart. *Futuro passado: contribuição à semântica dos tempos históricos.* Tradução do original alemão Wilma Patrícia Mass, Carlos Almeida Pereira; revisão da tradução César Benjamin, Rio de Janeiro: Contraponto: Ed. PUC-Rio, 2006.

Kurland, Philip. B. "The origins of the religion clauses of the Constitution". *Wm. & Mary Law Review*, v. 27, 1985-1986.

Lacombe, Américo Jacobina. "O Estado e a Igreja. A Igreja no Segundo Reinado". *Revista do Instituto Histórico e Geográfico Brasileiro.* V. 314jan-mar 1977, pp. 205-225.

_________ (coord). *O clero no parlamento brasileiro v.1.* Brasilia: Câmara dos Deputados — Centro de Documentação e informação. 1978.

Langlois, Claude. "Religion, culte e opinion religieuse: la politique des revolutionnaires." In. *Revue française de sociologie.* 1989, 30-3-4 pp. 471-496, disponível em http://www.persee.fr, acesso em 12 de abril de 2011.

Lariccia, Sérgio. "Storia, ideologia e dogmática nello Studio del diritto ecclesiastico". *Quaderni Fiorentini per la storia del pensiero giuridico moderno* nº 13 (1984), pp. 657-681.

Leal, Aureliano. Theoria e prática da Constituição Federal Brasileira. Rio de Janeiro: F. Briguiet e Cia., 1925.

Lopes, José Reinaldo de Lima. "Iluminismo e jusnaturalismo no ideário dos juristas da primeira metade do século XIX". *In* Istvan Jancso (org.) *Brasil: formação do Estado e da Nação.* São Paulo-Ijuí: Hucitec, 2003, pp. 195-218.

_______ *O oráculo de Delfos. O Conselho de Estado no Brasil-Império.* São Paulo: Saraiva, 2010.

_______. *As palavras e a lei: direito, ordem e justiça na história do pensamento jurídico moderno.* São Paulo: Editora 34, 2004.

_______. "Consultas da Seção de Justiça do Conselho de Estado (1842--1889). A formação da cultura jurídica brasileira." *almanack brasiliense n. 5* (maio de 2007) disponível em www.almanack.usp.br.

_______. *O direito na história: lições introdutórias.* São Paulo: Atlas, 2008.

Lovell, Colin Rhys. *English Constitutional and Legal History.* New York: Oxford University Press, 1962.

Luca, Luigi de. *Considerazione sull'autonomia e la publicita dela chiesa nel diritto italiano.* Milano: A. Giuffre, 1946.

MacCormick, Neil "A Moralistic Case for A-Moralistic Law", 20 Valparaiso University Law Review, nº 1 (1985), pp. 1-41, disponível em http://scholar.valpo.edu/vulr/vol20/iss1/1, acesso em 2 de julho de 2012.

Machado, Jónatas Eduardo Mendes. *Liberdade religiosa numa comunidade constitucional inclusiva.*Coimbra: Coimbra Editora, 1996.

Martins, Maria Fernanda Vieira. *A velha arte de governar. Um estudo sobre política e elites a partir do Conselho de Estado (1842-1889).* Rio de Janeiro: Arquivo Nacional, 2007.

Maxililiano, Carlos. Commentarios a Constituição Brasileira. Rio de Janeiro: Jacintho Ribeiro dos Santos Editor, 1918.

Meira, Sílvio. *Teixeira de Freitas: o jurisconsulto do Império — vida e obra,* 2ª edição, Brasília, Cegraf, 1983

MOTT, Luiz. "Cotidiano e vida religiosa: entre a capela e o calundu". In SOUZA, Laura de Mello e (org). *História da vida privada no Brasil v. 1.* São Paulo: Cia das Letras. 1997.

NEVES, Lucia Maria Bastos Pereira das Neves. "Constituição: usos antigos e novos de um conceito no Império do Brasil." In José Murilo de Carvalho e Lúcia Maria Bastos Pereira das Neves. *Repensando o Brasil do Oitocentos.* Rio de Janeiro: Civilização Brasileira, 2009, pp. 183-238.

NEVES, Guilherme Pereira das. "A Religião do Império e a Igreja" in Grinberg, Keila e Salles, Ricardo (Org.) *O Brasil Imperial. Volume I 1808-1831.* Rio de Janeiro: Civilização Brasileira, 2009.

_________ *E receberá mercê: a Mesa de Consciência e Ordens e o Clero secular no Brasil — 1808-1828.* Rio de Janeiro: Arquivo Nacional, 1997.

OLIVEIRA, Cecília Helena Salles de. "O Conselho de Estado e o complexo funcionamento do governo monárquico no Brasil do século XIX". *Almanack Braziliense* n. 5, maio de 2007, pp. 46-53. Disponível em www.almanack.usp.br.

OLIVEIRA, Maria Luiza Ferreira. "Resistência popular contra o Decreto 798 ou a "lei do cativeiro": Pernambuco, Paraíba, Alagoas, Sergipe, Ceará, 1851-1852". In Monica Duarte Dantas (org.) *Revoltas, motins, revoluções: homens livres pobres e libertos no Brasil do século XIX.* São Paulo: Alameda, 2011.

PEREIRA, Vantuil. "Petições: liberdades civis e políticas na consolidação dos direitos do cidadão no Império do Brasil (1822-1831)" *in* RIBEIRO, Gladys Sabina (org). *Brasileiros e cidadãos; modernidade política (1822-1830).* São Paulo: Alameda, 2008.

PIERUCCI, Antônio Flávio "Secularização em Max Weber. Da contemporânea serventia de voltarmos a acessar aquele velho sentido". *Revista Brasileira de Ciências Sociais.* Vol 13, n. 37.

POCOCK, J. G. A., *Linguagens do ideário político.* Trad. Fábio Fernandez. São Paulo: Edusp, 2003.

PROUST, Antoine. *Douze leçons sur l'histoire.* Paris: Seuil, 1996.

RAMOS, Elival da Silva. "Notas sobre a liberdade de religião no Brasil e nos Estados Unidos." *Revista da Procuradoria Geral do Estado de São Paulo.* ns. 27-28, p. 199-246, jan/dez. 1987.

SABA, Roberto N. P. F. " As "eleições do cacete" e o problema da manipulação eleitoral no Brasil monárquico." *Almanack.* N. 02, p. 126-145, 2º semestre de 2011.

SALDANHA, Nelson "A teoria do poder moderador e as origens do direito político brasileiro" *in Quaderni Fiorentini per la storia del pensiero giuridico moderno*, nº 18, Milano: Giufre editore, 1989.

SCHWARTZ, Stuart B. *Cada um na sua lei.* São Paulo: Cia das Letras, 2010.

____________ "Impérios intolerantes: unidade religiosa e o perigo da tolerância nos impérios ibéricos da Época Moderna" *in.* VAINFAS, Ronaldo e MONTEIRO, Rodrigo Bentes (orgs.) *Império de várias faces.* São Paulo: Alameda, 2009.

SCAMPINI, José. *A liberdade religiosa nas constituições brasileiras. Estudo filosófico-jurídico comparado.* Petrópolis: Vozes, 1978.

SLEMIAN, Andréa "À nação independente um novo ordenamento jurídico: a criação dos Códigos Criminal e do Processo Penal na primeira década do Império do Brasil." In Ribeiro, Gladys Sabino (org.). *Brasileiros e cidadãos: modernidade política 1822-1930.* São Paulo: Alameda: 2008.

SEARLE, JONH R. "Qué és una instituición?". *Revista de derecho político*, num. 66, 2006, pg. 89-120.

SILVA, Cristina Nogueira. "Liberdade e tolerância religiosa: portugueses não católicos no ultramar do século XIX". *Historia Constitucional* (revista electrónica), n. 8, 2007, pp. 39-66 disponível em http://hc.rediris.es/08/index.html, acesso em 25 de maio de 2012.

SILVA, Maria da Conceição. "Catolicismo e casamento civil na cidade de Goiás: conflitos políticos e religiosos (1860-1920)" *Revista Brasileira de História*, v. 23, nº 46, pp. 123-146, 2003.

SILVA, José Afonso da. *Curso de direito constitucional positivo.* 19ª ed. São Paulo: Malheiros, 2001.

SILVA, J.M. Pereira da. *História da Fundação do Império Brazileiro.* Rio de Janeiro: B.L.Garnier, 1864.

SILVA, Cristina Nogueira da Silva. "Liberdade e tolerância religiosa: portugueses não católicos no ultramar do século XIX". *Historia Constitucional* (revista electrónica), n. 8, 2007, pp. 39-66 disponível em http://hc.rediris.es/08/index.html, acesso em 25 de maio de 2012.

SKINNER, Quentin. *As fundações do pensamento político moderno.* Trad. Renato Janine Ribeiro e Laura Teixeira Motta. São Paulo: Companhia das Letras, 2009.

SLEMIAN, Andréa. *Sob o império das leis. Constituição e unidade nacional na formação do Brasil.* São Paulo: Hucitec, 2009.

_________. *Sob o império das leis. Constituição e unidade nacional na formação do Brasil.* São Paulo: Hucitec, 2009.

SOUZA, Francisco Belisário Soares de. *O sistema eleitoral no Império*. Brasília: Ed. UnB, 1979.

SOUZA, José Soriano. *Princípios geraes de direito público e constitucional*. Rio de Janeiro: Empreza d'A Província, 1893.

SOUZA, Joaquim Rodrigues. *Analyse e comentário da Constituição Política do Império do Brasil ou Teoria e prática do governo constitucional brasileiro*. São Luiz do Maranhão, 1867.

SOUZA, Joaquim José Caetano Pereira e. *Primeiras linhas sobre o processo civil*: acommodadas ao fôro do Brazil até o ano de 1877 por Augusto Teixeira de Freitas, Rio de Janeiro: Typografia Perseverança. Tomo III,1879

SOBOUL, Albert. *La revolution française*. Paris: Tel Gallimard s.d.

STORY, Joseph. *Commentaries on the Constitution of the United States*. 5ª ed. Boston: Little Brown and Company, 1891.

SUANZES-CARPEGNA, Joaquín Varela. "O Constitucionalismo espanhol e português durante a primeira metade do século XIX. (Um estudo comparado)", in *História Constitucional*, nº 11, 2010, pp. 237-274, disponível em www.históriaconstitucional.com, acesso em 23 de outubro de 2010.

TAYLOR, Charles. *Uma era secular*. Trad. Nélio Schneider e Luzia Araujo. São Leopoldo: Ed. Unisinos, 2010.

TAVARES, Jerônymo Vilella de Castro. *Compêndio de Direito Público Eclesiástico*. Rio de Janeiro: B L Garnier, 1882.

TAVARES, de Joaquim Vilella de Castro. *Instituições de Direito Público Eclesiástico*. Recife: Ricardo de Freitas, 1856.

TINOCO, Antonio Luiz Ferreira. Código Criminal do Império do Brazil Annotado, Rio de Janeiro: Imprensa Industrial, 1886.

TODOROV, Tzevtan *L'esprit des Lumières*. Paris: Éditions Robert Laffont. 2006,

TRÍPOLI, César. *História do Direito Brasileiro. Época Imperial*. V. II. 1º Tomo. São Paulo: Ed. Particular. 1947.

TULLY, James. "The pen is a mighty sword: Quentin Skinner's analysis of politics." In TULLY, James (org). *Meaning and context: Quentin Skinner and his Critics*. Cambridge: Polity Press, 1988.

VALLS, Joaquim Martinez. "Algunos aspectos de las relaciones Iglesia y Estado em Inglaterra" *in Las relaciones entre la Iglesia y el Estado. Estudios em memoria del Professor Pedro Lombardia*. Madrid: Univesidad Complutense.

VIEIRA, David Gueiros. *O Protestantismo, a maçonaria e a questão religiosa no Brasil*. Brasília: Editora UnB, 1981.

Wade, E.C.S. e Phillips, G. Godfrey. *Constitutional Law*. London: Longmans, 1960.

Zagheni, Guido. *A Idade Contemporânea: curso de história da Igreja*. Trad. José Maria de Almeida. São Paulo: Paulus, 1999.